光阴似水 待你如初

陆小曼的烟火人生

白落梅 著

Bai luo mei

中國華僑出版社

图书在版编目（CIP）数据

光阴似水　待你如初 / 白落梅著. — 北京：中国华侨出版社，2016.3

ISBN 978-7-5113-6007-6

Ⅰ.①光… Ⅱ.①白… Ⅲ.①陆小曼（1903～1965）-传记 Ⅳ.①K825.6

中国版本图书馆CIP数据核字（2016）第048150号

● **光阴似水　待你如初**

著　　者 / 白落梅
出 版 人 / 刘凤珍
出版监制 / 刘连生
责任编辑 / 附　离
特约编辑 / 刘连生
封面设计 / 尚世视觉
经　　销 / 新华书店
开　　本 / 870mm×1280mm　1 / 32　印张 / 8　字数 / 140千字
印　　刷 / 天津市豪迈印务有限公司
版　　次 / 2016年4月第1版　2017年10月第4次印刷
书　　号 / ISBN 978-7-5113-6007-6
定　　价 / 38.00元

中国华侨出版社　北京市朝阳区静安里26号通成达大厦三层　邮编：100028
法律顾问：陈鹰律师事务所
发 行 部：（010）82605959　传真：（010）82605930
网　　址：www.oveaschin.com
E - mail：oveaschin@sina.com

如果发现印装质量问题，影响阅读，请与印刷厂联系调换。

前言　花落不沾衣

院里的春梅到了该绽放的时节，愿我莫再错过花期，辜负岁序美意。你看，时光往返自如，无情无爱，不必牵附丁人，亦无须挂碍于事。

那并不遥远的民国世界，总在不经意时与我遇合，仿若故人，成了莫逆。而明明毫不相关的民国才女，因了某种机缘，竟和我有了如此际遇，这番交集。

她们一生的旖旎情事，起伏命运，在我浅淡的笔墨下徐徐舒展，一如古老巷陌里那场下了数日的烟雨，明净亦忧伤。纸上相逢相知，非她们所愿，我亦情非得已。

她们的人生原本安排妥当，早成定局，像那千古不变的历史，无可更改。我只是用一种属于我的方式，去描摹与述说她们的生死离合，不经意走进她们的世界，感染了她们的喜忧。

自古红颜的故事有许多相似之处，又有着截然不同的情节和因果。她们是民国岁月美好的花木，没有活在戏里，也不是尘封于画中，而是真实地存在过，用她们不凡的才情风姿，努力地过完百难千劫的一生。

她是陆小曼，她曾经纵横穿梭于民国世界的交际场，得到无数名门公子、达官显贵的青睐。在她年华正好，尚不解情爱时，嫁与青年才俊、军界名流的王赓。他为她修筑稳固坚定的城墙，为她挡雨遮风，却成了一座囚禁她灵魂的牢笼。

她是一株妖媚惑人的海棠，她需要毫无顾忌地绽放。这株海棠，在失意寡欢时，遇见了风流多情的徐志摩。他们不惧世俗流言碎语，许下誓死相依的诺言。他为她红尘奔命，拼尽一切，只换取她一颦一笑。她为他红颜尽欢，自此，人间再无人得她倾心。

哪怕是陪伴三十三载，为她一生端茶递水，嘘寒问暖的翁瑞午，亦不得她丝毫情爱。但她愿意为了责任和道义委身于他，在他遭遇灾病之时，不离不弃。于生活，她我行我素，放纵形骸。于人情，她有始有终，至情至性。

她曾鲜花着锦，倾倒众生，有过“南唐北陆”之响亮声誉。又落叶飘零，凄凉寂寥，于世人眼中，她不过是一个经年同鸦片厮守的烟鬼。她得到过万千恩荣与宠爱，也遭受过无数谩骂和指责。无论是爱是怨，她皆一般心肠，不附和，亦不回避，安然做她自己，与人无尤。

岁月给过她诸多恩宠，后又无情夺回。她前半生，纵身人海波涛，享尽世间荣华与尊贵，得到如心的爱情和伴侣。徐志摩丧生之后，她闭门谢客，离群索居，每日素衣清颜，无意悲喜，任自浮沉。

她一生离不开的是情，是戏，是阿芙蓉。除此之外，万千颜色不过是人间剧场的道具，用来装扮角色，又随时可以舍弃。她此生任性妄为，傲慢骄纵，又清白简单，不改初心。她所欠之债，加倍奉还，她不负情爱，不负众生。

我总说，做个散淡的喝茶看戏之人，花落不沾衣，如此方能从容自若，无伤无恙。可我分明闯入了她们的人生，并多次徜徉于风烟陌上，不知归期，为她们的情节黯然神伤。也是，既已惊人好梦，又如何不留痕迹，全身而退。

其实陆小曼才是花落不沾衣，她一生爱戏，爱交际，爱万紫千红的春光，可一旦决意退场，便永不回首。她给得起倾城之色，也担得了落魄无依。

走过许多宛转迂回的路，喝过许多世味交织的茶，听过许多圆缺冷暖的故事，却越发地慈悲谦逊，简单平宁。

红尘远没有想象中的那般纷乱混浊，有许多安静美丽的风景，是我们不曾察觉，在流淌的光阴里，无端被辜负和虚度了。

折梅问雪的日子很美，像年轻时许下的诺言。只是到了兑现诺言的那一天，是否依旧一往情深。

结局早已编排好，我不过是在拖延散场的时间，等着茶凉，等着缘灭。我也只是一个陌不相识的过客，假装无意地途经她的时光，又悄然寂寂地离去。

徐志摩说：“人生不过是午后到黄昏的距离，茶凉言尽，月上柳梢。”

是的，茶凉言尽，月上柳梢。

白落梅
乙未年冬 落梅山庄

目录

第一章　时光惊雪

岁序不言，时光惊雪。这就是流年，昨日姹紫嫣红把春光赏遍，今朝已是落叶空山被寒风催紧。千百年来，那条叫世间的河，流经了多少聚散尘缘，阴晴故事。那么多死生相依的情感，似萍聚，如云散，亦只是沧桑岁月里，一道薄浅的凉风，稍纵即逝。

“笙歌归院落，灯火下楼台。”说的是民国乱世里的烟云故事，纵使喧闹蒸腾的剧场，终要归于平静。回首过往，世事如梦，自古才子佳人，不过是残照日暮里的风景。江山依然，风日静好，历史像被洗过一般干净无尘。我所能追寻的，只是一些残余的古老幸福，明净忧伤。

大雨倾城。上海滩是一座赋予传奇，演绎悲欢的城市。它于我，亦有着一种不可言说的诱惑。无论是弥漫着旧时光的老弄堂，还是装帧得像梦境般的古建筑，或是霓虹灯下的一片光影，黄浦江畔的一朵浪花，哪怕是街巷飘飞的尘埃，都是风情的。

她亦只是民国画卷里，微不足道却不可缺少的一笔淡墨。民国红颜风光无际，她于浊世染缸里惊鸿照影，修身修己，过得活色生香，又纯粹明澈。在我心底，她是个任性招摇，却又寥落孤清的女子。她浮华亦隐忍，决绝亦坦荡，堕落又清白。

她是一树海棠，其间的妩媚妖娆，无人相争，无人可争。她也是一株罂粟花，在民国岁月的枝头，开出明丽冷艳的花朵。她是一味毒药，妩媚芬芳，让人倾心迷醉，一饮断肠。她身上带着蛊惑人的妖气，是个不折不扣的妖精。她是画者，是诗客，是戏子，又或者，仅仅只是个女人。

她叫陆小曼，生于上海，死于上海，惊世于上海，尘封于上海。她的一生，如同一部戏文，飘忽无常，却又真实清冽。她外表妖媚风情，内心芷若幽兰。她的故事，波澜壮阔，又风烟寂静。她一生，为几个男人风华不尽，却只为一人丢城弃甲，视死如归。无论是爱她的，恨她的，她只微笑相待，不争不扰。

一切或美或丑的过程，皆是为了将来种下宿命的前因。人生本无对错，奈何命运总是横生枝节，才有了许多痛苦的抉择，落寞的转身。陆小曼，这个冰雪聪慧的女子，亦会情迷双目，不由自主。一生为了情爱，甘愿自饮毒酒，换来容颜失色，花落人亡。

这个女子，应该懂得巫术。令青年才俊王赓为她倾倒，又让风流情种徐志摩为她痴狂，还让民国公子翁瑞午为她迷醉。甚至还有许多男子为她疯傻，无论是否动过真心，至少染上她的毒。中毒之人，于罂粟花丛沦陷，难以自拔。

陆小曼本是书香门第，貌美如花，能舞会画，属民国红颜里的绝色佳人。她曾惊艳于帝都，倾倒四座；又风情于上海，放纵形骸。在遇到徐志摩之前，她算得上是个端庄秀丽的良家女子。遇到他之后，徐志摩的诗情纵容了她的妖媚，让她骨子里叛逆的血，得以尽情流淌。

她注定不是一个甘愿平凡，清守寂寞的女人。她的容颜、才情、喜好，以及人生的种种际遇，迫使她像烟花一般，璀璨绚烂，又寂寞如雪。与徐志摩的相遇，更改了她一生的剧情，从繁华到清冷，奢靡到落魄，似乎只是一朵花开的时间，一个春秋的距离，此岸到彼岸的长度。纵然烟云消散，随风成尘，亦不枉她人世山水走过一遭。

徐志摩说，她一双眼睛也在说话，睛光里荡起，心泉的秘密。是这样惊艳的邂逅，让他们不惜预支一生的幸福，只为刹那灿烂。她做到了，她用最美的华年，最深邃的爱恋，换取了一段刻骨相依。是她入戏太深，还是人间本身就是一个，华美又悲伤的剧场？

她如愿以偿地嫁给了徐志摩，这个值得让她以命相聘的男子。新婚燕尔，郎情妾意，徐志摩用诗编织了一段如梦的时光。陆小曼和徐志摩居住在硖石的宅院，恍若世外仙源，每日忘耕废织，尽管短如春梦，却不悔三生。

这个女子，如何离得开十里洋场的上海滩。自小养尊处优，能歌善舞的陆小曼怎禁得起那样歌舞升平的世界，她从此沉迷于物欲横流的夜上海。打牌、听戏、跳舞、喝酒，直到后来一身病骨，迷恋上阿芙蓉，过着奢侈堕落的生活。

她太任性放纵，娇慵贪玩，凭着惊人的美貌，像个交际花似的在夜上海周旋于那些社会名流中。她太不知轻重，不懂自爱，到最后竟然和翁瑞午隔灯并枕躺在一张榻上吸鸦片，每日吞云吐雾，全然忘了自己是谁的女人。

为了缓解病痛，翁瑞午为她推拿，自此有了罗襦半解、肌肤相触的缘分。徐志摩始终对她千恩万宠，为了她肆无忌惮的挥霍，被迫往返授课于南北学堂，呕心沥血于寒灯窗下。她像夜上海那盏闪耀的明灯，丢失了往日的草木灵性，绽放出锐利的光芒。

是情，是债，是浮华，是惨淡，与人无尤。这朵罂粟花，自怜自傲地开放，不问结果。直到徐志摩粉身碎骨、魂消魄散，陆小曼方才醒悟。只是几载光景，她已将沧海桑田过尽。徐志摩的死，让陆小曼醒透，彻底终结了过往的荒唐，也匆匆了断繁华的一生。

她写《哭摩》，任悲伤泛滥成灾，不管不顾。爱情之死，让她感

童趣图：丁丑（1937）十月小曼陆眉于海上

受到蚀心镂骨的痛，自此生死无惧，任尔西东。之后的陆小曼身居简出，素衣清颜，仿佛一夜之间已是美人迟暮。可她还是离不开上海滩，离不开翁瑞午，离不开阿芙蓉。

她不是一个背信弃义的女子，她不在乎世俗的流言蜚语。为守心中爱情，她不改嫁翁瑞午，只是与他平凡相守。日日斜躺在床榻上，同食鸦片，于云里雾里，淡看浮沉世事，聚散人生。

直到有一天，护她数十载的翁瑞午也死了。陆小曼一如既往地活着，带着一身病骨倦容，沧桑姿态，决绝悲情地活着。红颜老去的陆小曼，花容憔损，牙齿掉光，却一直微笑于世间。

她受人冷眼轻贱，不在乎谩骂指责，亦不需要怜悯疼惜。这样的女子，风华得惊世，亦落魄得倾城。到最后，她成了一枚寂寞又穿肠的毒药，过到无人问津的地步。她不屑谁去品尝，亦不肯为谁再去调制一杯酸甜苦辣的酒。

她累了。唯时光对她不离不弃，唯时光为她静静送离。陆小曼死了，是病死的，吃鸦片死的，或是寂寞死的，都不重要。总之她离尘远去，带走了她一身的妖气，也带走了毒药的芬芳。那一天，是晴天雨日，亦无人知晓。

她终究是孤独的，没能和徐志摩葬于一处。她到底薄弱，无法与酷冷的世俗相争。一段生死与共的爱情，也只是在属于各自的泥土里开花，结不出相同的果。罂粟花开，罂粟花落，一世风情，烟消云散。她的一生，是缘，是劫，更是戏。

她说，时光如雨，我们都是在雨中行走的人，找到属于自己的伞，朝前走，一直走到风停雨住，美好晴天。

她找到那柄属于自己的伞，也陪她红尘风雨走过一程，但事与愿违，不等晴天，便分道扬镳。非伞无情，辜负苍天美意，它亦想惜她周全，奈何造化弄人，不得善果。

她叫陆小曼，她的人生，似民国乱世里，那朵美丽又清冷的芙蓉花开。在我淡淡的笔墨下，徐徐舒展，带着前生的夙愿，晕染了今世的相逢。

第二章　人世修行

湛湛光阴，无情亦有情，看似匆匆来去，不落痕迹，实则一朝一夕，皆有缘由。每个人来到世间，无从选择，亦是情非所愿。纵然如此，也要听信于命运安排，开始一段悠长或简短，艰辛或闲逸的人世修行。

漫漫长路，百转千回，说好了善待万物生灵，善待每一寸流光，善待每一桩缘分，到最后，总会事与愿违，难遂人意。回首过往，只觉有太多的遗憾与缺失，倘若岁月重来，爱过的人是否可以假装不爱，发生的事又是否可以随意删改？

陆小曼曾说，唱戏是她最喜欢的一件事。而最令她喜爱的则是《思凡》和《汾河湾》两部戏。《思凡》的词句太美，情文相生，动人心魄。《汾河湾》静中有闹，俗不伤雅。其间的相互起伏，来去分明，一如天上阴晴变幻，云聚云散，日暗日丽，自有一种妙趣。

倘若将陆小曼的一生，比作一部戏，并非有轻薄之意。人生原本幻梦一场，又何必问，几多假，几多真。《红楼梦》里贾宝玉听了一出戏，为《寄生草》一句："没缘法转眼分离乍。赤条条来去无牵挂。"而痴迷不已，入戏太深。

汤显祖写下《临川四梦》，用一生的时光在梦里往返，戏里徘徊。戏到深处，可假可真，情到浓时，可生可死。多少人世风景，就这般倏然而过，来不及细细品味，已成追忆。过了一生，爱了一生，亦梦了一生。

而我多想做一个无关悲喜的看戏赏花之人，如此便可以不必生情，可以在戏剧散场后毫发无伤。我说过陆小曼是毒，我如此无端又努力地闯入她的世界，又如何能够做到全身而退，飞花不染。也罢，看命运将这个民国才女的一生，怎样巧妙地安排。

人世沧海，浩荡无边，你不知前世所为何物，亦不知今生会落于何处，何户人家。是在高墙深院里享乐富贵荣华，还是于旧舍寒门里安守清贫，皆一无所知。一如我，前世为雪，今生为梅，只是因了一场春怨，一桩宿缘来到人间。便成了今日的模样，这般风华，如此修为。

陆小曼有幸，生于书香名门，海上人家。她祖籍江苏常州，亦属温婉江南，那里人物风流，山水喂养性灵。陆氏亦属世袭大族，

西湖佳境，甲午（1954）岁大寒日雪窗下，陆小曼创作

在悠悠历史长河里，绵延不绝。

陆小曼之父陆子福，晚清人物，曾为举人。字厚生，又字静安，因少时聪慧，每考必中，长辈故为他改名为陆定。其人白净文雅，亦有学识。日本早稻田大学毕业，是日本名相伊藤博文的得意弟子。

国民党南京政府成立后，陆定经同乡翰林汪洵之推荐入度支部（后为财政部）供职，历任司长、参事、赋税司长等二十余年。是国民党员，亦是中华储蓄银行的主要创办人。此一生也算是与银钱交往，日子过得富庶亦稳固。

看过晚清那不可更改的山河日落，又漂洋过海看罢一场浪漫的樱花，再经民国风云乱世。陆子福的人生，亦算是热闹喧哗过，无太多沧桑变迁。独晚年处境欠佳，抑郁不欢，与夫人随女儿陆小曼住于一处，病逝于上海。

陆小曼的母亲吴曼华，是位才情不凡，气度高雅的女子。小名梅寿，为常州白马三司徒中丞第吴耔禾之长女，上祖吴光悦，做过清代江西巡抚。她文底深厚，诗词清丽，精通音律，善绘画。

吴曼华信佛，其笔下漫漫山河，一花一叶皆有禅意。她将一生的修行，付与笔墨，付与荏苒时光。陆小曼沿袭了她的美丽优雅，聪慧才情，亦遗传了她的柔弱多病。陆小曼一生嗜画，将内心情感，寄予流水空山，翠竹兰草。

是岁月的恩赐，还是惩罚，这本该华丽的人生，转身即成了落寞的开始。出身名门，容貌艳丽，才情绝佳，终抵不过宿命的摆弄。比起民国世界那诸多的名媛佳丽，她更像一位伶人，在众生纷纭的人间舞台上，活得有声有色，爱得酣畅淋漓。

陆小曼，于1903年11月7日，生于上海孔家弄。这一日，为农历九月十九，亦为观世音的生辰。小曼眉目秀丽，肤白胜雪，故自此有了“小观音”的称号。人世机缘，就是如此巧妙，没有早一日，亦没有迟一日。她原是佛前草木，又或是一册封存的经卷，奈何落入人间，尝历烟火爱恨。

陆小曼此后便与上海，这座古老又风情的名城，结下不能割舍的情缘，许下细水长流的诺言。悠长古朴的里弄，阁楼上一声漫不经心的吴侬软语，窗台晾衣架上一件华美的旗袍，都飘荡着旧上海浓郁的气息和风情。滔滔黄浦江水，浪里浮沉，滋生了多少柔情，又断送了多少功名。

家世显赫的陆氏家族，本是枝叶繁茂，却落得人丁萧疏。陆定夫妇育养九个儿女，皆在幼年、少年时不幸夭折，独陆小曼幸存于世。娇美玲珑、冰雪聪明的小观音，于陆定夫妇心中，自然是如珍似玉。小曼是陆家那颗最璀璨的明珠，在父母的恩宠与溺爱中长大。

锦衣玉食的生活，诗书名门的教养，视若明珠的宠爱，注定了陆小曼将来的性情和气度。她后来惊艳于江湖的美貌和才情，奢侈与大方的脾性，皆是幼时父母种下的前因。她出生后所看到的世界，是莺歌燕舞，是碧海晴天，也是灯红酒绿。

她的幸福和病痛，美丽与哀愁，亦是从出生之日，便不离不弃。自古红颜皆薄命，上苍对待世间万物，芸芸众生一律无私平等。一个风华绝代的人，想要安享世间平凡的幸福，就必然要承担常人难以忍受的代价。

多年以后，陆小曼曾说过："其实我不羡富贵，也不慕荣华，我只要一个安乐的家庭，如心的伴侣，谁知连这一点要求都不能得到，只落得终日里孤单的，有话都没有人能讲，每天只是强自欢笑的在人群里混。"

碌碌凡尘，沧桑岁月，那些看似简单的梦想，都成了奢侈的愿望。任你才华惊世，容颜倾城，也只是漫天飞舞的一粒粉尘，做着不由不自主的叹息。陆小曼这一生，亦算是百媚千红，过尽沧海。无论得到与失去，悲情或欢喜，到底是值得，到底无憾。

我们用一炉香的时间，便可以将她的一生的故事读完。可那漫长的一世年光，是她用一朝一夕的日子所换取。其间有太多的等待、煎熬、酸楚、悲凉。若说是戏，为何演了漫长的六十余载，方才散场。若说不是戏，又为何那般华丽虚幻，让人眩目迷离。

《牡丹亭》里唱："原来姹紫嫣红开遍，似这般都付与断井颓垣。良辰美景奈何天，赏心乐事谁家院。朝飞暮卷，云霞翠轩。

雨丝风片，烟波画船……”不知为何，陆小曼的人生，仿佛如这锦词华章，隔着百年时空，逶迤而来，又隐藏着不尽的苍凉。

这个小女孩，在粉黛春秋里，开始她漫长的人世修行。明媚如她，骄傲如她，在剧中装扮别人的角色，又演绎真实的自己。不求地老天荒，但愿无悔今生。

第三章　倾倒众生

春意迟迟，秋水离离。这晴雨不定、浓淡相宜的日子，该用什么来消遣，又该用什么来挽留？用一壶茶的时光来聆听一段故事，用一本书的内容来换取远去的童年，你是否愿意？

岁月急促亦缓慢，童年的时光，恍如江南宛转深长的老巷，悠远得看不到尽头。在古老的庭院，捡拾美丽的石子，看一群蚂蚁搬家，和蝴蝶干花从中共舞。那时，不知愁闷和烦忧，不懂贫富贵贱，连梦都是洁净美好的。

漫漫人生，童年的记忆最为浅淡，亦最深刻。始终觉得，人间现世唯简静方得安稳，奢华岁月不可久长。民国世界纵有千般风光，浩荡如天，亦只是寻常的百姓人家，在春秋更替中，度着平淡的流年。

徐志摩曾说：“人生不过是午后到黄昏的距离，茶凉言尽，月上柳梢。”人生何其短暂，一个雨季，一个午后，看几场花事，几回月圆，就那么匆匆过去了。陆小曼的人生与徐志摩有过几载叠合，炽热地爱过，真实地拥有过，来不及好好道别，就散落云烟。

关于陆小曼的童年生活，似乎没有太多细致的描述，亦无从寻找走过的痕迹。不难得知，陆小曼的童年是明净幸福的，亦是快乐安定的。父母的恩宠与呵护，让她犹如温室里的草木，不经风雨相催，安稳成长。

吴曼华是一位高雅端庄、慈爱和善的母亲，她把所有的母爱，都倾注给这唯一的女儿。诗书音画，用她的才情和文艺气息感染这位小小女孩。上海滩的香车宝马，繁华如织，以及富贵温柔之家，造就了陆小曼任意、傲慢、热烈亦放纵的性情。

又或者她与生俱来便是这样一个奇拔、耀眼的女子，带着仙气、妖气，优游人间。她是陆小曼，肤如春雪，眼含秋波，眉不描而翠，唇不点而红。她无须着丽装，出落得就像一幅色彩斑斓的工笔画。她胸中自有丘壑，又如她笔下肆意泼洒的水墨。

她生来就是不安分的，她的心如同飞絮，随风飘洒，自在轻扬。她既有野气，又有文气，她可以在风口浪尖，泰然自处，也可以在把静如湖水的日子，掀起波澜。她的人生，不需要任何人做主，无论何时何境，皆随心所欲。

陆小曼是一缕自由无羁的风，是一池岁月不惊的春水，是阴晴变幻的月。她贪玩任性，我行我素，和同伴一起玩乐，她总是别出心裁，独领风姿。在父母佣人面前，也是调皮可爱，花样迭出。她不守陈规，不甘沉静的生活，总是惹出祸事，犯下许多错误。

父母亦对其管教，但宠爱终究多于严厉。他们用慈爱和温暖，编织了一个梦的王国。陆小曼无需一砖一瓦，便有深厚富庶的城墙。尽管她后来的人生，有更华美的盛宴，亦有很大的破碎，但她始终风雨无惧，不躲不避。

陆小曼不仅美貌出众，才情惊世，她还有属于她的气场。那种气场，是从骨子深处透露而来，有着摄人心骨的魅力。但凡与她相处过的人，无论是男子还是女子，皆对其倾慕不已，赞赏有加。这个女子，许多时候，让人觉得喜怒哀乐都没有名字，悲欢离合皆是多余。

胡适曾说："陆小曼是一道不可不看的风景。"的确，他耗费一生的时光来赏阅这道风景，他似乎一直在原地停留，而她是轻舟已过万重山。就连徐志摩的原配张幼仪初见她时，亦觉得她美貌非凡，佳人国色。

记得胡兰成曾说过张爱玲："张爱玲的顶天立地，世界都要起六种震动。"张爱玲的屋子里都带着兵气，尽管胡兰成使尽武器，还不及她的素手。她们都是民国世界的绝代才女，虽然人生轨迹不同，可情怀和傲骨，有太多的相似与重合。

仙山楼阁（1943）

陆小曼的童年，在写满传奇的上海度过。看罢了海上万千风景，再多的人世慷慨繁华，亦只是草草而过。她第一次离开上海之时，尚不知人事多风多浪，更不知有一天归来，这座古老又时尚的都市，会用它独有的风情，更改她一生的命运。

结束了几年幼稚园的生活，陆小曼六岁随母亲赴京都，依父度日。七岁进北京女子师范大学附属小学读书。九岁至十四岁在北京女子中学读书。十五岁那年，她转入北京圣心学堂。

那些悠长和美丽的年少时光，只是轻描淡写的几笔，便匆匆了却。其间的阴晴雨雪，欢乐烦恼，以及隐藏在内心深处的情绪，皆不为人知。也许，在繁芜的人生旅程中，没有谁可以真切地与她相伴一段光阴，共有几剪白云。

在陆小曼的学生时代，美丽与才情一直相随。有她的地方，春风杨柳都是言语，明月秋水皆含风情。她既有南方女子的柔婉和妩媚，亦有北国佳人的清脆和练达。那时的她，还是一朵雨后清新的蔷薇，带着些许嫩刺，些许张扬，瑰丽与芬芳，足以惊艳四座。

陆小曼九岁那年，恰逢袁世凯专政，为排除异己，下令解散国民党。派军警搜缴国民党议员的证书和证章，而陆定则是其中的一位。一日，陆定像往常一样去上班，机灵的陆小曼则提醒其父，不该再把党章戴在身上，以免惹祸上身。

这看似漫不经心的提醒，却救得陆定的性命。可巧当日，陆定被军警传唤，对其搜身，一无所获。后又闯入其家搜索，只因之前吴曼华早有准备，故安然度过。军警想从小曼嘴里得知一些消息，竟不知这个只有九岁的小女孩，面对他们的询问 ，对答如流，从容不迫。

自此之后，陆定夫妇对陆小曼更是珍爱有加。在他们眼中，陆小曼是一个有福气的孩子，她是他们生命里唯一的惊喜，也是完美的延续。尽管素日里，陆小曼调皮嬉戏，闯出许多祸端，都忽略不计。实在气极之时，责备一番，而后是更深浓的恩宠。

他们不惜重金，为陆小曼请来授课教师，让她接受最新潮，最高端的教育。天资聪颖的小曼，十几岁便通英、法两国语言，能弹流利的钢琴，擅长精致的油画。这就是陆小曼，她的美艳与风华，无须遮掩，也无从遮掩，哪怕在茫茫天际，漫漫黑夜，亦可以闪耀熠熠光芒。

上苍给了她佛缘，给了她太多的奇迹，让她演绎今世的传奇。又或许，于她而言，不需太多奢华的安排，都可以巧妙地过好自己的年少岁月。在她以后那么漫长又曲折的人生行途，无论遇到怎样的风波、困境，还是拦阻，她皆坦然相对，不折不屈。

我是喜爱陆小曼的，她用她不可一世的才貌迷幻众生，令无数才子为之俯首称臣，让诸多名媛举目仰望。她任意妄为、惊世骇俗的做法，亦曾受过无数人的指责评判。无论是荣耀和落魄，华丽或清寒，她都一样心肠，安乐自守，快意恩仇。

她骄傲倔强地活着，幸福又孤独，曼妙又哀怨。我以为可以走入她的世界，给她以爱，以暖，却也只是个冷冷的看客，生出不知所以的赞美和叹息。岂不知，她早已修炼成精，何曾屑于尘世的目光。她演绎着自己的悲欢，看过往如织的人流，为之倾倒，为之徘徊。

第四章　惊艳时光

小院清风，碧水闲茶，看阳光雨色，云飞涛走，别有情肠。看窗掩日影，溪桥梅柳，别具佳韵。如此闲逸时光，于滔滔俗世，是莫大的奢侈。倘若可以，我愿用一生的修行，换取世间最平淡简约的幸福。

民国岁月，动荡亦安稳，古朴亦新潮，跳跃亦沉静。若我生于民国，定然是每日深居闺房，过着针线女红，煮茶读书的日子。有那么一种人，生来便可以温柔于岁月，惊艳于时光。无论她处身何地，邂逅何人，所遇何事，皆让人动魄惊心。

她是陆小曼，在她身上，丝毫寻不到传统闺秀的保守恬静。她是有气场、有格局的女子，她大方亦通达，柔情更惊艳。陆小曼是幸运的，她不似张爱玲，在没落的贵族家庭，过着屈辱飘摇的生活。她有严父慈母的庇佑，不受外界风云干扰，做自己想做的

仕女图册，甲子（1924）夏五月

事，爱自己想爱的人，看今生想看的风景。

北京圣心学堂，为法国人所创办。于这里就读的，是居住于北京的外国青少年，以及一些军政界的贵族子女。所学课程为英文、法文、钢琴、舞蹈、油画、礼仪。陆小曼在这里接受典雅时尚的西式教育，让原本就不肯循规蹈矩的她，思想和灵魂更加随心所欲。

尽管圣心学堂名媛云集，可陆小曼在这里风云不尽，红颜尽欢。她凭借自己的美貌与才识，成为学堂里的东方美人，校园皇后。她是雨后京城里优雅的清风，是湛蓝天空自在的白云，落落大方，不可一世。

她的美，不是虚无缥缈，她的才，也不是附庸风雅。她流淌有韵的琴音，似春风徐徐缓缓，醉人心魄。她柔软娇媚的身段，于舞池里旋转，成了顾盼悠悠的风景。她写得一手漂亮的蝇头小楷，她通晓几国语言，她的油画被人购买收藏。

陆小曼每次到剧院或中央公园游园会时，多少人为之前呼后拥。为她拎包，持外衣，哪怕可以离她近些，闻到她的呼吸，都是无上尊荣。那时的陆小曼，风华正茂，傲视众生，他们甘愿做她的臣仆，只为换取她的一颦一笑。

陆小曼的美，纵横四海，可她始终以高傲的姿态，冷看诸多的追求者，不屑于他们欣赏的目光。也许，鲜花和掌声，可以满足她的虚荣，却没有谁，能够懂得她内心深处的寂寞。于千万人中的孤独，是真的孤独。有多少爱慕，就会有多少嫉妒，人性善良亦残忍。柔弱的她，又拿什么来抵挡那潮水般汹涌的追求？

当有一天，她褪去华丽的外衣，失去了光洁的色彩，生活能给她的，又会是些什么？陆小曼不知道，当初她被鲜花簇拥的人生，亦会遭遇冷落的结局。曾经尾随她身后的翩翩男子，被人世的风雨消磨，最后都去了哪里？

当时北洋政府的外交部长顾维钧要求圣心学堂举荐一名精通法文、英文，漂亮多才，气质出众女生参加接待外国使节工作，陆小曼成了那颗璀璨惊世的明珠。也因此，她名闻于北京社交界，走上一条落英缤纷，炫丽至极的路。

“北京的外交部常常举行交际舞会，小曼是跳舞能手，假定这天舞池中没有她的倩影，几乎阖座为之不快，中外男宾，固然为之倾倒，就是中外女宾，好像看了她也目眩神迷，欲与一言以为快。而她的举措得体，发言又温柔，仪态万方，无与伦比。”

陆小曼带着与生俱来的艺术气质，柔美曼妙的身段，优雅轻盈的姿态，风云于繁花似锦的上流社会。她是独一无二的名媛，是惊鸿仙子，那些贞静如水的旧色女子，大家闺秀，何曾有她的衣袂翩然，出尘绝代？

她在五光十色的红尘里，用她华贵气度，悠悠暗香，接受万千荣宠。她不是林徽因，在人间四月，以娉婷的姿态，等待一朵清新的莲开。也不是张爱玲，用华美的旗袍，遮掩内心的彷徨与落寞。她的生活不需要平淡，她的人生注定精彩。她不在乎与谁齐名，更不在乎于历史的某个段落，留下只字片语的痕迹。

她热情如火，也冷若冰霜，她送往迎来，亦拒人千里。三年的外交翻译生涯，点缀了她一世的荣光。她艳冠群芳，霎时间红遍了整座北京城。她诚心爱国，机灵地应付那些蔑视华人的外国人。在变幻无常的社交场中，陆小曼用她冰雪聪慧，翻云覆雨，游刃有余。

也正是这时，陆小曼与上海的唐瑛，获得“南唐北陆”的美称。这样的一代名媛佳丽，也只是岁月长廊里，一道飘忽而过的风景。那些曾经仰视，为之颠倒的人，皆已擦肩远去，在自己的世界里，守着小小幸福，安然老去。又何曾真正记得，那华丽的许多。

她这一生，不曾浓墨重彩，无须脂粉堆砌，举手投足尽是风情，韵味。她的美，自在天然，在任何场合，任何时候，都光艳夺目。纵算多年以后，她容颜憔损，繁华落尽，那种内在的风骨，始终傲然尘世。

顾维钧曾说：“陆建三的面孔，一点也不聪明，可是他女儿陆小曼，却那样漂亮，聪明。”这个眉眼若画、风姿万千的女子，是一枝美艳妩媚的海棠，可以雅致宜人，亦可以萎谢成尘。面对世

楼外青山（1935）

人的赞赏和嘲讽，她都应付自如，无大喜，亦无大悲。

你看陆小曼留于世间的照片，素颜冰心，内敛沉静，始终微笑着，丝毫看不出她心高气傲。我似乎可以在她那双会说话的眼睛里，读出浅浅落寞，淡淡凉薄。许多时候，我亦险些被这妖精迷惑，竟忘了，我只是她深深庭院里的一株草木，连过客都算不上。纵然我用尽华丽的言语，也道不出那深入骨髓的寂寞与悲凉。

她享受过世间万丈荣光，也遭遇了种种苦难劫数。她虽有倾城之容，却一生病骨纠缠。她拥有高过云天的吹捧，也收拾过狼狈不堪的残局。人生这局棋，她没有输过，又或者，她输得起。无论是笑傲烟火花丛，还是寂寥低调地转身，她始终是陆小曼。

岁月在她年华正好的时候，给了她太多的慈悲。在没有伤害的日子里，她我行我素，顾盼飞扬。谁知道，这朵嫣然微笑的海棠，明媚于春天的枝头，又究竟会情归何处，花落谁家？

那时的陆小曼，每日奔走谈笑于人群，潇洒游戏于舞池，尚不知情感的那本书，需要如何撰写。她不知道，谁会是她巷陌转角处的相逢，谁又会是她过尽人海的归宿。

她不知道。

第五章　错误花开

寂夜烟雨，温柔有情。阑珊灯火下，行人匆匆而过，留下几剪寂寥背影，又带走多少离合故事。倘若，把每一日都当作美景良辰，把每个人都视作缘分天定。这样，人生是不是，会多一些暖意，少一些悲凉，多一些相守，少一些离别。

清白岁月，至简人生。我总说，红尘百媚千红，于我早无多少诱惑。如此，便可以置身烟火不伤秋毫，出入情海安然无恙。可纵算你对岁月温柔相待，它亦会将你伤害，光阴凌厉的碎片，令人措手不及。或许，人生皆由这些残缺的碎片拼凑，才得以完美。

陆小曼是幸运的，受时光恩宠多年，她有莲的清雅，兰的幽怨，桃花的娇艳，海棠的妩媚。她被万千绿叶装点，却是不曾做过情感的奴。她不知，流光给予的一切，有一天会如数夺走，不留余地。她无畏无惧，随时听命于光阴的凌迟，亦随时等候纵身一跃情海波涛。

几年外交场合的历练，让她于人海中送往迎来，也只是逢场作戏，无人得她芳心。这一年，陆小曼韶华当头，陆家已有不少上门提亲的求婚者。多少达官显贵，世家子弟，慕名而来，只为赢得京师第一名媛的青睐。那时的陆小曼，可谓是鲜花着锦，烈火烹油，她的人生，恰如春日华枝最明艳的一朵海棠，美不胜收。

陆小曼与王赓的邂逅，也算是情劫一场。他们原本是两朵自在游走的白云，各自相安，各不侵扰，在某段行程狭路相逢，并肩走了一段，又辗转天涯。陆小曼对王赓始终生不出缠绵的情愫，更无两两相欢的恩情。他们的相遇，是一场错误的开始，是人世无由的债约。

王赓，江南才俊，军界名流，民国世界里的风云人物。他丰神俊朗，英俊挺拔。于1911年清华毕业后保送美国，先后在密西根大学、哥伦比亚大学、普林斯顿大学就读。归国后，供职陆军部，一路平步青云，势不可当。

王赓的家世和陆小曼相比，显得有些平凡，不够显赫，不够贵气。可他却有英武不凡的才识，出类拔萃的气度，亨通显达的官运。在那个乱象横生、风云变幻的时代，王赓的学识与前程，受到许多名门世家的喜爱和追捧。

这样一个青年才俊，一个响亮人物，多少名媛为之敬仰膜拜。陆小曼的父母对其亦是欣赏有加，当王赓的寄父母唐在礼夫妇前来议婚，陆定夫妇几乎是毫不迟疑便应允。在此之前，他们不知婉言相拒了多少世家子弟，却偏偏一眼相中了王赓为快婿东床。

这突如其来的缘分，陆小曼没有拒绝，只是坦然接受，安静顺从。那时的她，不过十九岁，婚姻对这个情窦初开的女孩来说，有些许陌生，些许期待，也有些许惊喜。她的感情世界，是懵懂迷糊的，她不知嫁作人妇意味着什么，又会是怎样的一番景况。只是奉了父母之命，媒妁之言，和一位叫王赓的男子结婚。

才子佳人，天作之合。不消一月光景，陆小曼和王赓便迅速举行了一场名动京师的盛大婚礼。陆定夫妇，为之请来了京城的名媛佳丽，为其添色。乱世之中，得此良缘，当属一代佳话，令人称羡。

这场看似华丽的盛宴，还来不及好好享受，便匆匆散去。蜜月的温情时光，如过眼烟云，之后的生活，唯有寂寥和平淡。陆小曼虽冰雪聪明，在社交场合惊心绝代，却并非情场高手，不懂男女欢情，不知婚姻琐碎。

一番热烈过后，陆小曼沉静下来，从朝夕相对的日子里，方看到内心的悲苦和寂寞。在世俗人的眼中，王赓是完美的，他稳重正气，对事业严谨，力求上进。可是于情感，他却是传统木讷的，少了一些温柔与浪漫，缠绵与风情。

王赓爱陆小曼，爱得深沉又乏味，真心却平淡。她像一颗明珠，时刻惊艳于他的世界，又不知该如何去呵护与珍藏。他的爱，像一杯寡淡的白水，不够惊心，不够温软，根本满足不了陆小曼这样妖精似的女子。

这场看似完美的婚姻，却是命运的阴差阳错。王赓为陆小曼修筑了一座坚固的城池，为她遮风挡雨，可她住在这座城里，并不快乐，亦不自由。安稳的生活，踏实的日子，不能填满内心的沟壑，不能喂养灵魂的需求。陆小曼是一部装帧精致又风情万种的书，任他耗尽一生的心力，也读不懂片言只语。

她是一个受不得委屈，亦不能有丝毫勉强的女子。她从小从富贵场里走来，受尽恩宠，骄纵傲慢。她要的不是殷实的物质、尊贵的身份，而是风花雪月，温柔缱绻。他们在一起貌合神离，相对无言。他们的人生南辕北辙，纵是千帆过尽，内心世界永远不能相依相守。

她脉脉情愫无人诉说，万般风情无人知晓。慢慢地，这座城，像是被婚姻束缚的牢笼，囚禁了她原本婉转飞扬的热情，亦锁住了她与生俱来的叛逆和骄傲。多少次午夜梦回，冷眼看着那个索然无味的男子，细细思量，如何得以彻底解脱，重新做回当初的自己。

陆小曼说："婚后一年多才稍懂人事，明白两性的结合不是可以随便听凭别人安排的，在性情和思想上不能相谋而勉强结合是人世间最痛苦的一件事。当时因为家庭间不能得着安慰，我就改变了常态，埋没了自己的意志，葬身在热闹生活中去忘记我内心的痛苦。又因为我骄慢的天性不允许我吐露真情，于是直着脖子在人面前唱戏似的唱着，绝对不肯让一个人知道我是一个失意者，是一个不快乐的人。”

的确，婚后的生活，陆小曼有如在演一场独角戏，看似华美无比，实则悲凉不堪。王赓极尽所有给予她幸福，却带来更深的困扰与折磨。他需要一个安分持家、端庄顺从的太太，她需要一个温柔暖意、善解风情的良人。这场错误，让彼此进退两难，心神难安。

他们不是并蒂，却被命运之绳捆绑在一起，开出错误的花朵。他每日看着娇美无比的妻，以为给了她锦衣玉食的生活，便是对她的无上宠爱，却从来漠视她内心深处的寥落。她不快乐，她真的不快乐。倘若时光可以从头再来，她绝对不允许自己重蹈覆辙，犯下相同的错误。骄傲如她，不肯让人得知她的失意，唯有强颜欢笑，让自己活得更加精彩，演得更加逼真。

婚姻不能禁锢她的思想和灵魂，陆小曼本性不改，无论顺境逆境，皆落落相待，不肯示弱。她的心，还是如初模样，风神姿色，更是不减当年。这样一个女子，决不会让自己一生锁在一座古旧的城里，等到热情褪减，容颜尽失。

她内心是强大的，她的格局，非一般寻常女子所能企及。她不会

松下论道

轻易听信命运，任由摆布，低眉言败。婚姻更改不了她的性情，灾难亦落不了身。陆小曼的世界，从不悲天悯人，不怨怨艾艾，纵是做了妖精，也理直气壮。

岁月里多少兴亡沧桑，来去如风，不急不缓。陆小曼看似居住在一座愁城里，却照样优雅地挥舞着她华丽的剑，怡然自得。你为之担忧惋惜，她竟是什么纷扰也没有。

第六章　漫漫尘烟

烟雨如旧，凉风向晚。那么多的美景良辰，金风玉露，仿佛只是浮烟过眼，我们所遭遇的，经受的，皆是寻常日子，平淡流年。连同岁月，有一天也要渐渐收起它的锋芒，顾不得世事短长，许不了地老天荒。

人生遇合，自有定数。千万人之中，谁才是那个有情的知音，可以执手以待，一世相依。多少华美的筵席，千古相同，躲不过清淡散场。余下孤独的你，独自看红尘茫茫世路，飘忽风景。这是生命的规律，一如日出日落，万物枯荣，无可更改。

婚后的生活，他们一个还是金童，一个还是玉女。陆小曼仍是她自己，起先的生活有了些许束缚和改变，随后她回到最初，去寻找属于她的天地，她的欢场。她还是名媛，家中的仆人，依旧称唤她作小姐。陆小曼身上，永远都弥漫着花草的芬芳，她年少时的傲气、任性、娇柔以及风姿，始终不减。

这个女子，性情慷慨，干脆磊落。错误的婚姻没有让她颓废不堪，亦不牵愁惹恨，尽管内心风雨淋漓，生活始终从容坦荡。她不委曲求全，也不会商量不定，出入红尘烟火，仍是莲花之身。

陆小曼依旧是北京城一道不可不看的风景，甚至比之少女时期，更多几许肆意，几多风韵。婚姻的寡淡无味，让她再次步入社交场合，于色彩斑斓的生活中消磨虚度光阴。她和上流权贵、太太小姐们打牌、听戏、跳舞、喝酒，用华丽的外表，遮掩内心的荒凉。稳妥平宁的现世，井然有序的日子，让她不能收放自如。

陆小曼白日睡觉，午后方才起床梳洗打扮，直至夜晚，她置身繁华灯火，似烟花绽放。哪怕转身过后是一地凉雪，满目尘灰，她终是不管不顾。陆小曼乐此不倦地穿梭于人流中，夜夜笙歌，别人眼中的放浪形骸，却是她心花怒放的喜悦。

这偌大的凡尘剧场，能真正陪她轻歌曼舞的人，尚未出席。她每日看别人的戏，有时亦装扮起青衣，却不知，自己就是戏中人，扮演了相同的悲喜。许多时候，陆小曼更像个伶人，在孤独又喧闹的夜城，舞尽风华，周而复始。也曾疲倦，却始终故作坚强，她宁可落寞于世俗，亦不需要陌生的依靠。

陆小曼的昼夜颠倒，于王赓来说，是一种奢侈、颓废、亦是堕落。他严谨的人生态度，积极的生活作风，如何看得惯陆小曼的放纵散漫。他们原本就不曾携手同游人间，如今更是渐行渐远。

陆小曼做不了那个低眉顺目，三从四德的女子，任何灵魂的拘泥与封锁，于她都是莫大的残忍。我甚至可以想象她的模样，如雪肌肤，两弯细眉，明净俏丽的双眸，漫不经心的姿态，随性天然的气度，举手投足皆是风情，一颦一笑都是言语。

她或在剧院喝茶听戏，或于欢场喝酒跳舞，或于街巷往来嬉笑。陆小曼以倾城之姿，踏花拾锦年，买醉寻欢乐。尽管婚姻令她寂寞，可她亦觉得好，如此不被情伤，不受情苦。王赓的绅士风度，成熟气质，让她心生敬重，却从没有爱情。爱情是自私吝啬的，陆小曼放任生活，却固守情感那一面澄净的心湖。

他开始埋怨她，怪她任性妄为，全然不管军官太太的身份，怪她纸醉金迷，放纵不羁，失去一个名媛该有的矜持和内敛。她自是不以为然，依旧我行我素，似要将光芒散尽，方肯罢休。看似傲慢娇纵的她，又多么无辜，她所追寻的不过是她喜好的生活，属于她的人生态度，与人何尤。

倘若王赓需要一个温顺体贴的妻子，自去寻一位传统的大家闺秀，一生以相夫教子为使命。他应该比任何人都知道，名满京师的陆小曼怎么会循规蹈矩，听命于他的安排，做个知书达理、安分自持的凡妇？婚姻是一场赌局，他既然敢于用自己的一生下注，就要有输得起的坦荡。

百子圖
百群天使樂
陶々業底忝
陰閑一連偶
爾啼々漫笑
々天真爛漫
是兒曹
八二老人李蕙題
歲在乙酉秋九月 小曼陸扇於海上曼廬

百子图（1945）

是，陆小曼纵有千般不好，万般招摇，她还是那株开在京师的海棠。多少人为之倾倒，寝食不安，尽管她已嫁作人妇，丝毫不减他们的赏慕之心，追捧之情。可这株海棠，早已深植王赓心中，妩媚妖娆，人间再无颜色。

尽管，后来徐志摩的出现，令他们的婚姻走入绝境，濒临毁灭。他仍用他的绅士风度、深沉的爱包容陆小曼的一切，直到再无挽留的理由，才不得已放手。甚至在徐志摩去世之后，他依旧希望和陆小曼重修旧好，愿用稳妥的爱，护她一生周全平宁。

但尝历过爱恨死别的陆小曼，是无论如何也不肯给他机会的。有人说王赓与陆小曼离婚后，另娶她人，总算过上他一直想要的平淡生活。也有人说，离婚后他终生未娶，只为守住内心深处那株海棠的一抹娇艳，不改情深。后来王赓以四十七岁之龄病死，也算是英年早逝，令人惋惜。

有些爱，需要细心呵护，忍耐坚守。有些爱，需要慈悲割舍，宽容成全。陆小曼嫁与王赓，虽是错误的选择，但她亦没有生出逃离之心，也不肯俯首认命。而王赓更想不到，他稳固的城墙，在真正爱情来临之时，会那般地不堪一击。他没想到，他倾心采撷的红豆，赠与了别人的相思。

徐志摩像一缕温柔又凌厉的风，他滋养了陆小曼行将枯萎的心田，又割断了王赓于人间情事里的种种牵挂。这缕风，来势汹涌，令他们都措手不及。这缕风，吹彻在民国的湖心，掀起惊涛骇浪。这缕风，令陆小曼花容失色，做了那个为爱可生可死的痴人。迫使王赓缴械投降，做了情感的败者，又为成人之美的君子。

倘若此生不曾邂逅徐志摩，陆小曼或许不知道，她飞花如雪的人生，也会遭遇一场刻骨铭心的爱恋。是徐志摩让她开到荼靡花事了，此生再不肯为任何人绽放。也是徐志摩让她余生梦魂无依，伶仃遗世。遇见他，是幸也是不幸，是爱也是债。

陆小曼依旧在灯火迷离的京城来往如梭，于婚姻的城池里寂寞如烟。每每夜归时，王赓还在书房处理他的工作，她独自调一杯酒，与之共诉愁肠。王赓不能理解陆小曼为何夜夜欢场，不知疲倦，却又不肯花费时间陪她柔情缠绵。他的责备与埋怨，让陆小曼倍觉委屈，无言以对。

在他眼中，他深爱的妻子，竟是如此轻薄傲慢。她又是多么无辜，她自是有万种风情，无人能解。岁月无心，其实他们都知道结局，只是在拖延散场的时间，为各自的安排寻找美丽的借口。

人生多艰，那些看似春风得意的姻缘，其实是前世的宿债。两两相清之后，虽有遗憾不舍，却未尝不是解脱。他是岸，无法搁浅她的欢愉和寂寞。她是舟，有万千想要停泊的理由，却终究驶不到他的港湾。

世事渺如尘烟，来来去去，何曾与谁斟酌商量。今日所有的选择和决定、承诺与安排，将来皆要自己承担。一旦走进别人的故事，我竟忘了提醒自己，只是一个无意的过客。有一天，面对命运的抉择，是否会多几分清醒，少一些迷惘？多几分从容，少一些伤害？

第七章　民国才子

江南冬日午后，暖阳和煦，恍若初秋。总是在一炉香里，不知年岁，在一壶茶中，忘记相思。人世悠悠，浩然之景，起伏有致，江山无私。山高水远，人生这场庄严又美丽的修行，我到底喜欢清朗之境，喜乐之音。

民国世界，简短如梦，却气象恢宏。一代江山，硝烟乱世，却有许多惊艳情事，旷古机缘。多少风雨忧患，飘摇大事，看似喧闹沸扬，落入一盏茶中，也只是轻烟淡愁，成了渔樵闲话，古今笑谈。隔了山水时空，你看着似梦如幻，他们却真实地走过，步步惊心。

民国才女如云，每个人都有一种颜色，都是一株花木，是时间里的唯一。民国才子万千，每个人都是一册闲书，一道风景，是宿命之主。唯一的陆小曼遇见了唯一的徐志摩，恰如那时的张爱玲遇见胡兰成，是注定的宿约，是美丽的情劫。

“于千万人之中遇见你所要遇见的人，于千万年之中，时间无涯的荒野里，没有早一步，也没有晚一步，刚巧赶上了，那也没有别的话可说，唯有轻轻地问一声：‘噢，你也在这里吗？’”

陆小曼在恰当的时候遇见徐志摩，没有太早，亦不太迟。彼时她失意，困于围城深处，无法自救，不能解脱；而他则是断情割爱，一颗诗心，飘忽无寄。陆小曼用凡尘的万紫千红，遮掩内心的寥落和无依。徐志摩用柔肠百结的诗歌，诉说了人世的爱恨情仇。

他们为情停留，为爱厮守，何惧流言蜚语，何惧世事风霜。世间所有的相聚都非偶然，看似不经意的擦肩，有一日还会重逢，续写未了的情缘。我们都是历史的过客，数年以后，也许可以留下浮烟片影，也许了无痕迹。

时光还在，他们早已不知去了哪里。或为尘、或做水、或成烟，或是云，就那么不见了，不见了。人生没有悔药，再说他们无须后悔，倘若生命缺失了彼此，又该是怎样深刻的憾事。

徐志摩，海宁人氏，生于江南富商之家。其父徐申如为海宁硖石商会会长，人称“硖石巨子”。拥有一座发电厂、一个梅酱厂、一间丝绸庄，在上海还有一家小钱庄。徐志摩为徐家独子，自小安享富贵荣华，他的年少时光，省略许多人世因为清贫而经受的

花鸟图册，徐志摩题字：早知名世徒为尔，赖有斯人未肯忘。（1926）

屈辱与悲凉。

骨子里的浪漫情结，奢华的生活，以及尊贵的教育，让徐志摩长成一位潇洒翩然、玉树临风的青年。后来，他精妙的文才，出尘的外表，令无数名媛为之倾心，视之为最高标准的择偶对象。

他是诗人，他的眼睛，梦着一层轻雾，永远带着迷离恍惚的神情。他洁净的灵魂栖居于梦幻之乡，华严世界，凡人难以企及。就是这样一个明朗似月，雅逸如风的男子，让群芳为之争艳，百花为之换颜。他此一生，亦没有担当虚名，虽然短暂，却也是享尽风月情事。

他是民国世界一个响亮的人物，是文坛上叱咤风云的诗客，是三生石畔的风流情种。他是一朵来去无影、魂梦无归的白云。这样的人物，虽流经岁月长河，却不会因为他的离去，而涛声止息。

他为情而生，亦为情而死。他多情亦薄情，长情亦冷情。他对爱慕之人慈悲，对不爱之人酷冷。他的人生，恰如一首诗，曼妙柔情，又简短匆匆。他温润如玉，却又不够完美，他光明磊落，却又离经叛道。

这样的人物，被人喜爱，亦被人怪怨。他活得认真，爱得坦荡。他悄悄地来过，又悄悄地走了，不带走一片云彩。给世间留下几许遗憾，给深爱他的女子，留下无尽的悲伤。他是徐志摩，倘若他的情事，发生在别人身上，令人生厌，可落于他身，则妙不可言。

他说："我将于茫茫人海之中访我唯一灵魂之伴侣。得之，我幸；不得，我命。如此而已。"看似轻描淡写的一句话，却字字深情，亦伤神。他一生视情为命，一生都在追寻他灵魂深处的爱恋和感动。得到过，亦失去过，珍惜过，亦辜负过。

倘若没有林徽因那朵清白的莲，没有伦敦那场美丽的康桥之恋，他亦不会对原配张幼仪而有丝毫的眷恋。他是个不肯为爱妥协的男子，端庄大方、善良贤惠的张幼仪，不是他命里倾心的红颜。康桥给过他美丽的相逢、刻骨的爱恋，当他誓要和林徽因同生共死之时，她却悄然转身。

还不曾好好相爱，就莫名地成了过客，康桥成了记忆里的风景。是，得之，我幸；不得，我命。他得到了张幼仪，却将她抛掷在异国他乡，不肯问津。他甘心做一株招摇的水草，在康桥的柔波里，沉迷不醒。他爱林徽因安静的灵魂，清雅的容颜，为她徘徊失措，最后落寞收场。

也就是在此时，徐志摩邂逅了另一道与之截然不同的风景，遇见了潋滟风情的陆小曼。这个女人，绚烂得就像一杯毒药，明知中毒无药可解，亦毫不犹豫一饮而尽。爱情亦如诗，可以纯白浪漫，也可以华丽至极。

如果说林徽因是梦中的白莲，徐志摩会为之怀想一生，不能忘怀。陆小曼则是那杯穿肠的毒酒，让他拼尽所有，亦要死生不顾。他的爱，炽热又温柔，缠绵又痴醉。若说他此生有错，也只是错在情多，宿债难偿，旧情难舍。

徐志摩的儿子徐积锴曾说过：“我觉得，我父亲命太苦。”他虽生于钟鸣鼎食之家，年少便漂洋过海，自在如风。他品貌出众，博学多才，被红颜爱慕，感情世界却始终多灾多难。后来总算与美人厮守，却为生计奔波，以致酿成惨剧，不可收拾。

像他如此才高之人，同几位红颜有过爱恋，在民国乱世，亦属寻常。他和张幼仪成婚后，邂逅林徽因与之相爱，林徽因清醒转身，嫁给梁思成。待他和张幼仪离婚后，遇到陆小曼，那时的陆小曼则是有夫之妇，历了千劫百难，方携手相依。

世人都想知道，徐志摩这一生所遇的女子，究竟谁最爱他，谁为他情之所钟。晚年的张幼仪，曾说过一段话，耐人寻味。当时有人问起，她爱不爱徐志摩。她答：“你晓得，我没办法回答这个问题。我对这个问题很迷惑，因为每个人总告诉我，我为徐志摩做了这么多事，我一定是爱他的。可是，我没办法说什么叫爱，我这辈子从没跟什么人说过‘我爱你’。如果照顾徐志摩和他家人叫作爱的话，那我大概是爱他的吧。在他一生当中遇到的几个女人里面，说不定我最爱他。”

果然，张幼仪是徐志摩耗费一生也还不完的情债。她对他有情，他却无心，他断不能为了成全她的幸福，而将就自己的情感。有个女人，将此生所有的情感都付与他，也倾尽余生所有的热忱将他怀念。

摹古画（徐志摩题“以形写神”）

她是陆小曼，徐志摩的魂魄，一直与她相伴相生。她此生只要提笔，便是徐志摩，若她为妖，在他死后，她亦法术尽消。他的离去，让她无意悲喜，无意落魄，她的存在，仅仅只是为了活着。

你可知，孤独又凄凉地活着，比死需要更多的勇气。

第八章　金风玉露

曾说：世间所有相遇，都是久别重逢。记得，贾宝玉初见林黛玉时，见她两弯烟眉，一双秀目，闲静时如姣花照水，行动处似弱柳扶风。当时便说："这个妹妹我曾见过的。"贾母笑道："可又是胡说，你又何曾见过他？"宝玉笑道："虽然未曾见过他，然我看着面善，心里就算是旧相识，今日只作远别重逢，亦未为不可。"

他们初见，却有远别重逢之感，这许是缘分，是前世有约。岂不知，他们的前世，有过一段美好的交集。她本是灵河岸边、三生石畔的绛珠草，他为赤瑕宫神瑛侍者。她受他浇灌之恩，今生需用眼泪报答。后来各自转世为人，她果真一生受情爱之累，为他泪尽人亡，方知归去。

陆小曼和徐志摩的初遇，定然亦是有久别重逢之感。每个人都有前身，只是无从知晓，或为飞花落叶，或为劣土顽石，所许下的约定，所欠的情事，待到今世一桩桩偿还。前世五百次的回眸，方换取今生一次擦肩。他们的遇合，该是积攒了累生累世的缘分。

我们不知，此生谁才会是那个陪你白头的人，谁又会是你漂泊无依时的主。陆小曼邂逅无数个男子，她把青春托付给王赓，爱情给了徐志摩，又依靠了翁端午，最后这些人，都没能陪她地久天长。她终是孤身一人，面对红尘的滚滚烟火，悲凉到老。

陆小曼到底有多美，让徐志摩与之有了金风玉露的相逢，胜却人间无数。看她遗留世间的照片皆是清淡婉约，并不像个妖精似的妩媚风情。徐志摩在《爱眉小札》里写："我爱你朴素，不爱你奢华。你穿上一件蓝布袍，你的眉目间就有一种特异的光彩，我看了心里就觉得不可名状的欢喜。朴素是真的高贵。你穿戴齐整的时候当然是好看，但那好看是寻常的，人人都认得的，素服时的眉，有我独到的领略。"

陆小曼和徐志摩后来所认的干女儿何灵琰也这样说过："有人说陆小曼实在算不得美人，年轻时清清瘦瘦，终年牙齿掉了也不去镶，十分憔悴。但是在记忆中，干娘是我这半生见过的女人中最美的一个。她别有一种林下风致，淡雅灵秀，若以花草拟之，便是空谷幽兰，正是一位绝世诗人心目中的绝世佳人。她从不刻意修饰，更不搔首弄姿，平日家居衣饰固然淡雅，出门也是十分随便。她头发只是短短的直直的，像女学生一样，随意梳在耳后。

亦很少用化妆品，但她皮肤莹白，只稍稍扑一点粉，便觉光艳照人。衣服总以素色居多，只一双平底便鞋，一件毛背心，这便是名著一时，多少人倾倒的陆小曼。”

女作家赵清阁曾回忆中年时的陆小曼：“她毫未修饰，这说明了她的心境。但她依然是美丽的，宛如一朵幽兰，幽静而超然地藏匿在深谷中。”

可见，世人眼中的陆小曼，亦是百态千姿。谁人想到，这个名动京师，又风靡上海的交际花，竟是如此素净端雅，不施粉黛。她出入凡尘，敢于爱恨，不惧流言，原来却是一朵藏匿深谷的幽兰。这株兰草，在流年深处，长成一道与世相安，又不为所容的风景。

兰草性温和，纵算开到繁花满枝，也依然清淡洁净。你看她，纷纷来去，华丽登场，却又始终安然处世，不伤害任何人，临水照影，只做自己。她的素雅清丽，又岂是寻常人所能赏慕，所能珍惜。

群芳之冠的薛宝钗，亦不喜爱人间万般颜色。她素日装扮雅致，不爱修饰，不喜抹粉戴花。书中描写她的屋舍：“雪洞一般，一色玩器全无，案上只有一个土定瓶中供着数枝菊花，并两部书，茶奁茶杯而已。床上只吊着青纱帐幔，衾褥也十分朴素。”

陆小曼和薛宝钗相似，是有气场、倾众生的女子。她们无须脂粉

仕女四屏

装点，华服衬托，于人群中，便是风采奕奕，姿态万千。哪怕躲在某个阑珊的角落，亦可夺人眼目，不容缺失。我在不同的年岁，赏花看人的心境亦有了不同。

陆小曼在我心中，当真是百态千姿。时而风华惊世，优雅绰约；时而妩媚妖娆，摄人心魄；时而明净如水，飘逸如兰。她还是梅，高傲地开在枝头，肌骨冷艳，不败不落，又分明零落为尘，清香如故。

风流才子徐志摩，岂会错过这样一个超然物外的女子。有人说，陆小曼初见徐志摩，是在一场华丽的舞会上。那时的陆小曼，嫁与王赓后，每日寂寞难消，唯一排遣之处，则是交际会所。一个窈窕淑女，情意绵绵，一个江南才子，风度翩翩。两个情怀相当的人，一旦邂逅，只需一个眼神，一句对话，便可以住进彼此心间。

也有人说，陆小曼和徐志摩情根深种，是因为一出叫《春香闹学》的戏。磊庵在《聪明自误的陆小曼》中写道："志摩见小曼几面，早就拜倒石榴裙下，某一次义务演剧，内有《春香闹学》。志摩演老学究，小曼饰丫环，曲终人散，彼此竟种下情苗。"

事实上，王赓和徐志摩早有私交，他们皆为梁启超先生的爱徒。他们是两个性情截然不同的人，王赓沉稳厚重，徐志摩诗意潇洒。王赓于感情上，总是少了太多浪漫，比起多情诗人徐志摩，他太过于古板平淡。陆小曼和徐志摩结识之后，王赓在不经意中给他们创造了许多相处的机会，让他们原本努力压抑的情感，得到释怀。

陆小曼喜欢游山玩水，跳舞喝酒，品茶看戏，王赓公务繁忙，无有闲暇，便让徐志摩作陪。徐志摩原本倜傥风流，善解人意，更况喝茶看戏，跳舞游玩，亦是他之喜好，是他生命里不可缺少的风景。他们情趣相投，心性相印，恰如久别的故人，今世的知己。

陆小曼与王赓婚后，一直郁郁寡欢，失意困惑，直到徐志摩的出现，生命方有了转机。“这样的生活 ·直到无意间认识了志摩，叫他那双放射神辉的眼睛照彻了我内心的肺腑，认明了我的隐痛，更用真挚的感情劝我不要再在骗人欺己中偷活，不要自己毁灭前程。他那种倾心相向的真情，才使我的生活转换了方向，而同时也就跌入了恋爱了。于是烦恼与痛苦，也跟着一起来。”

爱与痛相约而来，陆小曼沉醉于爱情的欢愉里，亦要承担冲动的后果。不是所有感人的爱情都会被尊重和祝福，才子遇到佳人，也要在合适的时间，遭逢合适的机缘。陆小曼和徐志摩都不再是最初的自己，他们有过故事，人生清白的书页上，涂抹过色彩。他们注定做不了彼此的唯一，注定要历经千劫百难，才能相依相守。

我曾说，不求在最美的年华，遇见最好的人，只愿在有生之年，得以相逢，择一城终老。纵是造化弄人，终不得白首，亦要温柔度岁。

他们深爱过，厮守过，也辜负过，虚度过。最后，一个魂飞魄散，一个孤独遗世。他们此生的缘分，亦不过给人间添了一段相聚的喜悦，一段别离的悲情。如此，而已。

第九章　情场风云

诗人顾城说："我的心，是一座城，一座最小的城。"其实，每个人的心，都是一座小小又辽阔的城。这座城，纯真洁净，神圣庄严。这座城，装得下热闹与寂寞，也装得下欢悦和悲伤。

这座城，小得只能住下一个人，又大的可以装下万千世象。这座城，坐落依附于尘世，看尽人间纷繁，却装着最寂寞的灵魂。这座城，坚固无比，又会因某段情，某个人，倾倒塌陷。它有时波涛汹涌，有时安静无声，我们是这座城的主人。

陆小曼的城里，住进了徐志摩这样一个男子，今生今世再也没有离开。而王赓和翁端午，则是她城外游荡的魂魄，是命运给予生活的装点。她无从拒绝避免，只好欣然接受。她的城，看似纷乱不堪，实则洁净无尘；看似杂草丛生，实则只有一株树的空间。

一枝独立霜霰余，已觉江梅是同列。惜哉此物知者稀，深林大谷多所遗。牧竖樵童尔何苦，剪伐每同荆棘归。林君本是鳌头客，高卧云间人莫识。酒酣挥袖卷新图，一笑西山眼中碧。

乙亥（1935）桂月陆小曼拟古。

若干年后，多少人让她离开翁端午，她不轻信人言，不听劝阻，始终默默相陪。感情分许多种，她和徐志摩是情是爱，与翁端午，则是恩是义。这个女子，一生傲慢妄为，也算得上是有情有义。

就在陆小曼和徐志摩相识的这一年，王赓被任命哈尔滨警察局局长。夫走妇随，小曼虽不情愿，却道不出缘由，加之心中忐忑，便去了哈尔滨小住了一段时日。那时她虽爱慕徐志摩，尚不曾许下同死同生的誓言。她和王赓虽同床异梦，亦没有到彻底决裂之境。

据说，陆小曼到哈尔滨后，哈尔滨的大街小巷，皆张贴了她的海报。这位誉满京都的名媛，无论行至何地，去往哪里，都无法隐匿掩饰住她的光芒。世人只知她光鲜的外表，如何看得见她藏匿于心间的相思和寥落。

习惯了灯火迷离、纷闹剧场的陆小曼，如何会愿意静守在北方那个没有情调的寒冷小城，过着无喜无忧、不咸不淡的简单日子？况那枯寂之地，没有华丽的社交生活，亦无众星捧月的快乐。更为至要的，是这座城没有徐志摩，没有那个宛若春风秋月的男子。

徐志摩用他的爱和诗在将她召唤：“刹那间有千百件事在方寸间起伏，是忧，是虑，是瞻前，是顾后。”“世上并不是没有爱，但太多是不纯粹的，有漏洞的，那就不值钱，平常，浅薄。我们是有志气的，决不能放松。”

陆小曼义无反顾离开哈尔滨，回到京城，这里有色彩纷呈的盛宴，有聊寄相思的红叶，更有情之所钟的恋人。王赓没有挽留，他深知小曼的性情，她所决定的事，无人劝阻得了。那时的他，尚未察觉小曼和徐志摩的情意，只是习惯了小曼的任性随意，亦参与不了她独有的生活。

王赓是一个有绅士风度的男子，他深沉得体，即便后来陆小曼和徐志摩的恋情闹得满城风雨，众所周知，他亦没有丧失理性对之训斥辱骂。他们生死爱情，却让这位处事严谨，身份尊贵的军人，处于漫天的流言蜚语中。他可以掌控官场、战场的硝烟，却抵御不了情场的风云。

自古英雄爱江山，更爱美人。他并非不爱美人，只是他骨子里，天生就少了浪漫的情结。又或许，面对陆小曼这样一个风情妖娆的女子，他不知该用怎样的方式来将之疼爱。陆小曼美好飘忽得就像一个梦，她像梦一样来到他的身边，成为他的新娘，后来又像梦一样离去，消失无影。

在许多人眼里，王赓是一介武夫，不懂情爱。所以陆小曼宁肯舍弃将军夫人不做，甘心和一个穷教书匠厮守。她是个不恋人间功贵，需要爱与温柔滋养的女子。于爱情，王赓确实不如徐志摩那般柔情万种，他的爱，有些理性，有些平淡，也有些固执。

后来，在他们发生婚变时，王赓说出一段意味深长的话。“爱情是人类最崇高的感情活动，它是纯洁而美好的，并不带有半点功利俗念，也不等于相爱必须占有。真正的爱情应以利她为目的，只讲无私奉献，不求索取。既爱其人，便以对方的幸福为幸福。我是爱陆小曼的，既然她认为和我离开后能觅得更充分的幸福，那么，我又何乐而不为？又何必为此耿耿于心呢？”

他不是不懂爱，而是不知如何去爱陆小曼，他明明真实地拥有着，却始终有种寻不到边际的失意。这个女子，不是凡人，他无从奉献，亦无法索取。她是一首诗，一壶茶，一幅画，他却做不了那个读诗、品茶、赏画之人。他所临时扮演的角色，终究要被人取代，不过时间早晚而已。

徐志摩为陆小曼写诗，陪她莺歌燕舞，陪她蘸墨诗画，与她喝茶对戏。他们坐楼台闲听细雨，于红叶上共题相思，在舞场醉酒言欢，于花前月下私语。两个情投意合的人在一起，粗茶淡饭，甘之如饴，剩水残山，也是风景。

“案上插了一枝花便不寂寞。最宜人是月移花影上纱窗”。陆小曼便是那枝花，她的出现，改变了他人生的悲苦，消解了经世的寂寞。都说他翩翩风流，四处留情，岂不知他心中的那座城，亦不算宽敞，也只住下过几位知己红颜。痴迷陆小曼之后，他的心，又狭窄了许多，虽没有割断前缘，却只能当作梦里的回忆，生命中的念想。

陷入爱河，陆小曼全然忘记自己是有夫之妇，只顾着和徐志摩风花雪月。竟不知，他们的爱，惊起波涛巨浪，一时间，轰动了整座京城。众生纷纭，人情冷暖，责备与诋毁，多于祝福。

谁说爱情是两个人的事，只要彼此真心喜爱，无意别人的眼目。可人生除了爱情，还有责任、道义、使命，陆小曼和徐志摩都是单纯之人，于他们心里，视爱情为生命的主题。何曾思虑过，处纷乱红尘，怎么能够免去世态浇漓，堵住悠悠之口。

当年徐志摩因爱慕林徽因，而抛掷结发妻子张幼仪深受世人指责。如今一波未息，一波再起，他与陆小曼的恋情，又如何会被祝福。陆小曼不仅为交际场的名媛，还是朋友之妻，他们的爱情，是背叛，是罪恶，为世人所不容，所唾弃。

陆小曼的母亲吴曼华极力反对，王赓在她心中是完美无可挑剔的女婿。尽管她深知他们之间的结合，未必是完美的，亦知王赓不是女儿所钟情的男子。但至少他们婚后相敬如宾，彼此谦让。徐志摩的突然出现，惊扰了他们原本的宁静，破坏了之前努力维持的和谐。

徐志摩对感情的态度，始终是不肯屈服，敢爱敢恨，敢作敢为。当初他敢于打破陈规旧习，决然和张幼仪离婚，纵算没能与林徽因结下秦晋之好，亦无怨无悔。得之，我幸；不得，我命。一切都是缘，是命，虽强求不得，却要奋力争取。

他既是错过了清雅如莲的林徽因，又岂能再错过媚似海棠的陆小曼。所以，任凭凡尘风雨来袭，他不改情深。他亦不允许陆小曼

舞狮（1941）。附诗：千门开锁万灯明，正月中旬动地京。
三百内人连袖舞，一讲天上著词声。

有丝毫的退缩，无论风刀霜剑，他愿她携手同行。

“眉，我是太痴了，自顶自踵全是爱。你得明白我，你得永远用你得柔情包住我这一团的热情，决不可有一丝的漏缝，因为那是就有爆裂的危险。”

陆小曼亦是个痴人，在民国乱世，一个女子所承受的社会舆论，远比一个男子要沉重得多。况且她一代佳人，惊世名媛，又有多少人可以容忍她的过错，不去将之伤害。曾经社交场上，陆小曼风光无限，多少人为她捧花送爱。当她冲破婚姻，投向徐志摩的怀抱之时，迎来的则是嘲讽与责骂。

人言可畏。草木虽有情，可草木亦会伤人。那看似平静无波的湖面，随时要掀起骇浪惊涛。柔弱如她，多病如她，又该用什么去抵挡乱世浮烟？这场情战，是成，是败，早已有了安排，只待她勇敢地走下去，直到峰回路转，柳暗花明。

第十章　焚诗取暖

一窗雨，飘飘洒洒，疏疏密密。流经唐宋风采，明清遗韵，民国情怀，又落尽几多真假迷幻的世事，看过几多悲喜交集的光阴。

一夜听雨，是真实不虚，又恍若在梦里。梦中的人，与我前世有约，今生有定，可梦里离别总是比相聚多。人生一世，日影如飞，多少荣辱转瞬成烟，多少恩情不过露水。不知道，我们还在追寻什么，争闹什么，又执着什么。明知道有些缘分，是自己把握不住的，却迟迟不肯松手放下。

陆小曼的窗外，也下过一场雨，一场相思的雨。梦醒时，修竹映窗，落红满径。她怪怨上苍为何造就一个徐志摩，又要造就一个陆小曼。既已相识相爱，为何又不能好好相守。徐志摩用诗情点燃了她内心压抑多年的爱，可尘世的凄风冷雨，又极力地浇灭她的热忱。

“眉，我的诗魂的滋养全得靠你，你得抱着我的诗魂像抱亲孩子似的，他冷了你得给他穿，他饿了你得喂他食——有你的爱，他就不愁饿不愁冻，有你的爱他就有命！”

徐志摩仿佛就是那个孩子，饥饿寒冷，又孤独无助。他需要陆小曼的爱，也需要她的暖，她的灵，唯有这些，才可以让他有足够的勇气和力量与世抗衡。他们所面临的，不仅是和王赓之间单纯的爱情之争，更是与浊乱红尘相争，与俗世陈规相争。

“香山去只增添加深我的懊丧与惆怅。眉，没有一分钟过去不带着想你得痴情。眉，上山，听泉，折花，望远，看星，独步，嗅草，捕虫，寻梦——哪一处没有你眉，哪一处不惦着你眉，哪一个心跳不是为着你眉！”

“爱，在俭朴的生活中，是有真生命的，像一朵朝露浸着的小草花；在奢华的生活中，即使有爱，不能纯粹，不能自然，像是热屋子里烘出来的花，一半天就有衰萎的忧愁。”

雨日捧读徐志摩的《爱眉小札》，竟生出莫名的忧伤和感叹。若不是撰写陆小曼，想来我今生未必会读到与太多与她和徐志摩相关的文字。我一生爱好天然，视简洁为大美，生性懒散，不愿招惹情爱，更不肯闯入别人的世界，去牵扯他人的故事，分担他人的悲喜。

情到深处总难自控，亦添愁烦。想到徐志摩对陆小曼缱绻缠绵的爱，为了拥有，不惜以命相争。历尽劫难，他最终算是如愿以偿，可两个人真正朝夕相处，日夜相对后，又岂会是热恋中那般滋味，那种情思？

再美的爱情，始终要回归生活，要经受生死。道理都懂，却没有谁能够轻巧地安排自己的一生。倘若人生和顺，流畅完美，谁愿意刻意去打磨，去雕琢。一如一块无暇之玉，光洁温润，又何须一刀一划，去雕刻多余的纹理和花案？

陆小曼和徐志摩的生死之恋，已经弄得满城风雨，不知如何收场。王赓极力忍耐内心的愤怒与屈辱，情感的变动，工作亦在变动。他从哈尔滨转至南京，后又去了上海。他本无心之人，却被无端卷入这场情感风波，自此大街小巷传遍了他的名字。

他依旧隐忍，他怕自己轻易的松懈，会让剧情发展得更极速，会永远失去陆小曼。陆小曼和徐志摩，一个美艳动人，一个文雅多情，而他立于一旁，反倒像个多余的闯入者。他日夜忧心，苦苦维系着这段婚姻，明知已无转圜之地，仍盼一线生机。

他们联手抵御世间风云，他依旧无声无息地忍耐。他们不能再毫无顾忌出去游玩，吴曼华虽是性情中人，但为了保全女儿名誉，她还是不依不饶地阻拦陆小曼和徐志摩的交往。她太了解女儿的性情，她此时种种压抑的情感，有一日会如决堤之水，汹涌而出，不可逆转。

李母唐太夫人八十寿辰之喜，
壬午（1942）七月，小曼陆眉画

秋声秋色（1965）

吴曼华别无选择，她所能做的，则是绊住陆小曼，守一天，算一天。愿她可以从迷雾的感情中，清醒过来，与王赓白首偕老。王赓亦是期待着陆小曼回头，他可以原谅她的过错，包容她的缺点，放任她的自由。但这些，皆不是陆小曼想要的，她唯一的心愿，唯一的念想，则是和徐志摩在一起。只是在一起，再无所求。

本是近在咫尺，却远若天涯。世间最大的痛苦，莫过于相见不能相依，相爱不得相守。陆小曼何曾有错，她错在没能在最好的时间，遇见最爱的那个人。无端地蹉跎了几载岁月，惹来不尽的烦扰。这杯苦酒，她默默地咽下，静静地等待，命运会如何转身。

1925年2月，徐志摩收到泰戈尔的来信，信中说近来身体欠佳，病中牵挂徐志摩，邀请他去意大利。徐志摩与泰戈尔情谊深厚，原本有过春暖花开同游欧洲之约。可此时他与陆小曼正处于热恋之中，若要仓促离去，又怕相思肠断。

徐志摩想留下陪伴陆小曼，与她共赴波涛。陆小曼亦知他若离去，必是思念苦煎，但她更希望他能够游历欧洲，开阔视野和见识。她亦想着，分开一些日子，看时间是否可以冷却彼此的爱恋，是否能够把对方慢慢忘记。

明明深爱的一对恋人，被迫劳燕分飞，其间的悲苦，自是无以言表。这一次短暂的分离，让陆小曼写下了一本日记。其间记录了她的相思，矛盾，惆怅与折磨。昨日种种，历历在目，原以为，他的离去，可以清扫内心繁芜的草木，岂知，是漫长痛苦的开始。

陆小曼说："我从前常听人言生离死别是人生最难忍受的事情，我老是笑着说人痴情，谁知今天轮到了我身上，才知道人家的话不是虚的，全是从痛苦中得来的实言。"

人生所有的爱恨情仇，离合悲欢，唯有经历过，方能深记。若没有此番离别，陆小曼又怎知她对徐志摩已然爱到如此不可挽回之境。她要拼尽一切，撕碎与王赓的那纸婚约，这是她存活于世的唯一出路。

"前天我送他上火车，送他远走他乡，我心里满不愿意地去送，我心里怎样难受又不能叫人知道。我们最后的几分钟还是四面站满了人，月光都落在我们身上，仿佛我们不应当这样的亲密似的，我心里一阵阵的酸，回想起来亦分不出什么味儿。"

王赓明知她心中难受，还成心问她："你的眼睛为什么红红的？哭什么？"她自是不会怪他，于她心里，他就是这样一个不懂情爱的木头人。倘若善解人意，呵护备至，又何来她与徐志摩这段浪漫情爱，这场生死之恋？

徐志摩的离去，反让陆小曼更深刻地明白自己爱之所钟。他们虽不能携手同游，却已是宿命有主。他们的对手，不再是世俗的压力，亦不是王赓的阻拦，而是时间。时间是刀刃，可以割情断爱，亦是良药，会抚平所有的伤口，填满所有的憾缺。

纵算有一天彼此一贫如洗，还可以焚诗取暖，削爱佐酒。

今晚天上有半轮的下弦月
我想携着她的手
往明月多处走——
一样是清光，我想，圆满或残缺

庭前有一树开剩的玉兰花
她有的是爱花瓣
我忍看她的怜——
一样是芬芳，她说，满花与残花

浓荫里有一只过时的夜莺
她受了秋凉
不如从前浏亮——
快死了，她说，但我不悔我的痴情

但这莺，这一树残花，这半轮约——
我独自沉吟
对着我的身影
她在哪里呀，为什么伤悲，凋谢，残缺

——徐志摩《爱眉小札》

第十一章　聚散依依

人生很短，经历几场生离死别，看过几度春秋冬夏，就匆促过去了。人生亦很长，走过无数座桥，看罢无数的风景，历千劫百难，方能抵达终点。任凭怎样辗转，其实都是殊途同归，只是过程变幻无穷，有人平淡，有人热烈。

谁的一生不曾经历一段或几段爱恋，谁不曾有过泛滥成灾的相思。只是再铭心刻骨的爱恋，有一天也会被岁月的风尘淹没，被匆匆流光淡去痕迹。那时便是千山鸟飞绝，故人两相忘。

爱的时候顾不了那许多，哪怕倾尽一生的柔情，愿换取刹那清欢。也许努力得到之后未必会去珍惜，甚至无比寥落，但为了曾经的拥有，自当无悔。年华短暂，最美的时光也就二十余载，怎么忍心白白被寂寞辜负，被平淡蹉跎。

“摩，我现在又后悔叫你走了，我为什么要顾着别人的闲话而叫你去冰天雪地里过那孤单的旅行生活呢？这只能怪我自己太没有勇气，现在我恨不能丢去一切飞到你的身边来陪你。”

陆小曼心生悔意，徐志摩走后，她每日相思成灾，惶恐难安。她只觉世间男子皆浊物，唯他纯粹如人间四月的诗歌。她愿与他朝暮相伴，起看星辰，静守天荒。如今所有念想，只能付诸于文字。她答应徐志摩，他走后，给他写信，以日记的方式来写。

“人生本来就是梦，在这个梦里我既然见不着你，我又为什么不到那一个梦里去寻你呢？摩，要是我们能在一个梦里寻得着我们的乐土，真能够做我们理想的伴侣，永远地不分离，不也是一样的么？我们何不就永远住在那里呢？”

纷繁乱世何来这样的净土，人生多少修行，多少欢爱，亦只是在红尘中。陆小曼独自去了西山大觉寺，她渴望在禅境中找寻安宁。远离纷乱的人群，寂寞地想念她心中的爱人。那是个和暖的春日，山石树木被一片白色浸染，白得好似下过雪一般。

她问轿夫：“你们这儿山上的雪，怎么到现在还不化呢？”轿夫只笑她痴傻，那成林的杏花，被她当作了旧年积雪。大觉寺原本菩提道场，因了这杏花的芬芳，更似神仙洞府，不染半点俗尘。习惯了繁华热闹的陆小曼，亦想远离烟火，于茅舍田园，散淡度岁。

月夜舞扇：拟唐六如笔意为之，唐瑛小妹雅存。

“窗外的明月又在纱窗上映着逗我，便一个人就走到了院子里去，只见一片白色，照得梧桐树的叶子在地下来回的飘动。原来庙前就是一大片杏树林子，醉人的花香，轻含着鲜洁的清气，又阵阵地送进我的鼻管。忽隐忽现的月华，在云隙里探出头来从雪白的花瓣里看着我，也好像笑我为什么不带着爱人来。”

陆小曼的文采竟也是如此了得。都道林徽因文采清丽，写下至美至纯的《人间四月天》，张爱玲更是才情惊世，她无须深入红尘，世事自会来与她交涉。陆小曼于许多人心中，所惊艳的是她的画，而她存世的几篇诗歌散文，所读之人并不多。细细读来，亦是别有一番情肠。

春色恼人，更惹情思。良辰若水，只是梦里的那个人，远在天涯，温暖的春风捎不去半点消息。当日杜丽娘游园惊梦，被那姹紫嫣红的春光迷醉，与柳梦梅邂逅于山石亭台，芍药湖边，温存缱绻。自此相思成病，佳人薄命，葬于牡丹亭畔，梅花树下。

大觉寺到底不是适合陆小曼的修行道场，她唯有让自己回到尘世中去，去等待那位远行的爱人。无论结局是否随人心愿，她至少为了爱情尽力过，哪怕是万劫不复的开始。世路迷茫，流言如飞，她亦想对世界妥协，但最终想要的，还是温柔情深的彼此。

她受尽相思熬煎，其间还有一个人对她追求不止，增添烦忧。张歆海，浙江海盐人，1916年考入清华学堂，后赴美留学，入哈佛大学。他和徐志摩原本就是很好的朋友，对陆小曼这样一代名媛，生了爱慕之心，亦属寻常。只是多少人，在陆小曼的眼里，都是看过便忘的风景，有幸与之擦肩，亦换取不了她的回眸。

陆小曼在日记对徐志摩说："他并没有坏意，他知道我爱你，他亦不敢怎样。我很可怜他，我希望他早早地完婚。他去清华了，近来很用功念书，不过他是个小孩子，他的情亦不会长的。现在他一时发迷，过些日子亦就过去了，只是你为何还不回来呢。"

张歆海的一片痴情，让陆小曼对之更加疏远。他明白，陆小曼早已将所有的情感托付给了徐志摩，亦只好慢慢地结束他的单相思。后来他娶了民国文坛上四大美人之一的韩湘眉，男才女貌，夫妻和睦。死后二人同葬于西湖的湖水深处，亦属人间佳话。

陆小曼到底比别人苦，不过是想好好爱一个人，好好地厮守一生，却偏偏多灾多难。她离经叛道，也知人言可畏，她不顾声名，不惧曲折命运，终是如愿以偿。上苍只给了她几年水深火热的爱恋时光，徐志摩便骤离人世。她凄凉半生，死前唯有一愿，与志摩同穴，亦无疾而终，落到魂魄飘零，孤独无依之境地。

她不想生事，但世事总与她为难。世人的闲言碎语，母亲的规劝阻拦，丈夫的吵闹不休，种种逼迫，令她心跳急速，住进了医院。几度昏迷，病势凶险，于病床上，她几度希望徐志摩可以立即回国，又怕他忧心，终含泪作罢。

医生劝她："你若是再胡思乱想不将心放开，心跳不能停，再接

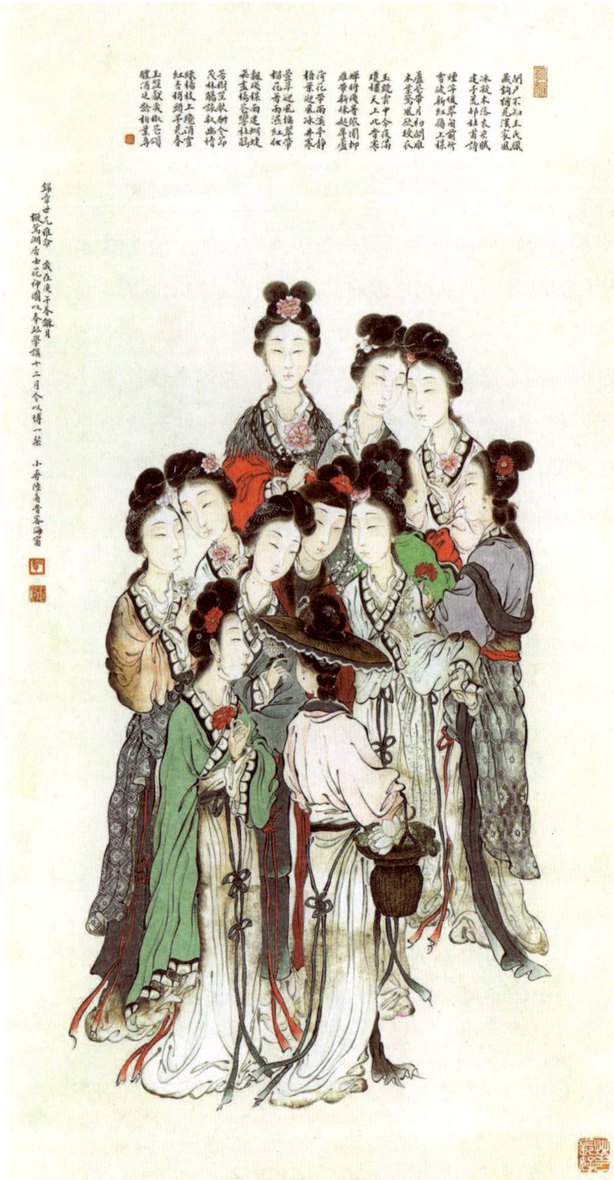

花神图（1930）

洛神赋（1947）

连地跳一日一夜就要没有命了，医生再有天大的能力也挽不回来了。天下的事全凭人力去谋的，你若先失去了性命，你就自己先败了。”

天下之事全凭人力去谋，如今陆小曼所能做的则是静心修养，等待命运的馈赠。人生缘起缘尽终有时，她相信她和志摩的缘分尚不至如此之浅。挣扎已是徒劳，莫名平静地等待，驻足看一场花开，看一次云起，看一度月圆。看一段时光，如何把余下的故事，巧妙地排演完。

以往陆小曼在我心里是个无畏任性的女子，无畏红尘沧浪，无畏碎语流言，可她内心是柔软懦弱的，她需要爱，更需要慈悲。她不想招惹是世人，可世人终究不肯放过她。她已经将自己卷入一场纷乱的棋局中，所谓落子无悔，她不容许自己反悔。

写着写着，我竟心生悲凉。陆小曼不同于林徽因，清白又清醒，她到底多了几分痴傻。又不同于张幼仪，爱得真实亦从容，来来去去还是最初的自己。她是民国世界的陆小曼，她只做自己的唯一，哪怕粉身碎骨，至少还有一个人，那么一个人静静相陪。

是，茫茫人海，亦会有懂得和祝福。郁达夫说：“志摩和小曼的一段浓情，若在进步的社会里，有理解的社会里，这一种事情，岂不是千古之谈？”

刘海粟说：“可爱可敬的小曼，当年就是在那些自以为是反封建实际上封建得可以的文人雅士们的唾沫中遭际不幸的。”

幸与不幸，皆不是自己可以做主。更况一代名媛，人生风景更是不同。本是悠闲的岁月，明净的光阴，世事无端添了斑驳的苔藓，似乎要这样，人生才会更有分量，情感才会更加深刻。

夜色很美，美得让人心生哀怨。她孤身立于小窗下，期待他的赴约，誓死无悔。她是陆小曼，她爱徐志摩。爱得凄凉，爱得无助，爱得隐忍，亦爱得彻底。

第十二章　执手风雨

午后，煮一壶叫落梅知味的茶，写别人的故事，品味自己的悲欢。人生百相，各有其喜，各有其忧，凡来尘往，太过匆匆。多少看似落满尘埃的岁月，不过云烟幻灭，能留下的，仅仅是一点薄浅的记忆。

陆小曼的人生情事，注定要被世人撰写，我不过是万千行人最平凡的一个。她说："演戏绝不是易事，一个字咬得不准，一个腔使得不圆，一只袖洒得不透，一步路走得不稳，就容易妨碍全剧的表现。"

她演过许多场戏，走过别人曲折的路程，历尽别人的悲喜，阴晴聚散，难以言说。写字又何尝是件易事，句句劳心，字字神伤。落花满身，看似轻灵飘逸，其间的伤处，自是字外之人，所不能看见的。

徐志摩远在异国得知陆小曼病重，心急如焚，无奈他的人生又遭遇了另一场变故。他德国的小儿子彼得，年仅三岁夭折，丧子之痛令他撕心裂肺。任凭他对陆小曼有多少挂牵，此时亦要留在柏林陪伴悲伤的张幼仪。

徐志摩盼望静养后的陆小曼，能够与他在欧洲相会，偎依取暖。他怎知陆小曼不仅一身病骨，更是一只被囚禁的鸟雀，有翼难飞。母亲吴曼华日日相守相阻，尽管知道所做的一切徒劳无益，但仍盼着一丝曙光，愿她回头是岸。

其实吴曼华为信佛之人，应当比寻常母亲更懂得随缘二字的深意。万般是命，何曾由人，她一生所历之事，亦是坎坷起伏。那么多的子女，只留下唯一的陆小曼，她不希望她的人生，有丝毫的偏失和差错。她要守护她，用单薄之身，遮风挡雨。

当陆小曼沉浸在相思里，无法醒转时。王赓的一纸书信，加之家人的百般拦阻，让她心力交瘁。她内心的城墙，再无力支撑，似要轰然倒塌。她多愁多病的身，再也经不起宿命的敲打。

“他下令叫娘立刻送我到南方去，这次再不肯去就永远不要我了。口吻非常严厉，好像长官给下属的命令一般，好大的口气。我一边看一边心里打算怎样对付，虽然我四面都像是满布着埋伏，不容我有丝毫的反响，可我心里始终不愿意就此屈服。”

她争闹了，拿着性命去争，去闹，穷尽所有力量，最终还是大败而归。陆小曼绝望了，她打算投降，要和徐志摩永诀。原本打算从暗室里走到光明，忧愁中寻回欢乐，可到底还是被乌云蔽日，见不到一点星光。

她在日记中说："你我的一段情缘，只好到此为止了，此后我的行止你也不要问，也不要打听，你只要记住那随着别人走得是一个没有灵魂的人。我的灵魂还是跟着你的，你也不要灰心，不要骂我无情，你只来回地拿我的处境想一想，你就一定会同情我的。你也一定可以想象我现在心头的苦，也许更比你重三分呢！"

徐志摩收到陆小曼的诀别电报，只能仓促舔舐流血的伤口，也顾不得张幼仪，匆匆回归北京。万里层云，暮雪千山，为的不是与她诀别，而是同她并肩作战。这苦短的人生，原本就有太多的缺憾与无奈，为何连一点微薄的幸福，还要被人残忍地夺取？

所有的苦闷，所有的委屈，所有的怪怨，在见面后倾心拥抱的那一瞬，一笔勾销。说好了挥手诀别的，当她看到他瘦削的脸，哀怨的眸，再也无法转身离去。任凭世间多少冷漠言语，亦会被柔软的爱消融。

相见时难别亦难，此时的陆小曼再不是往日自由之身，可以同徐志摩携手林泉，相伴月下。他们的事，众所周知，想要安静地独处，终是不易。时光依旧美丽，可早已变幻了昨日的星空。那么深刻的爱恋，美丽的承诺，越不过尘世庸俗的藩篱。

婴戏图（1935）庭前王氏子，陌上卫家郎。弱草身眠软，芳英手弄香。随人贪作剧，避伴学迷藏。莫扑花蝴蝶，宜为蜡凤凰。

陆小曼一次次和命运较量，她不能轻易低头认输，她无需世界的恩宠，只要他一颗真心。沧海桑田，那悠悠巷陌，等待她的又会是怎样的烟火？徐志摩辗转去了上海，陆小曼受不了王赓的相催，亦只好相随。

上海，这座命定之城，被繁花点缀，如今竟是这般冷寂无依。陆小曼料想不到，她此生最终的归依，会是这座城。她是民国陆小曼，她不能轻易枯萎，这座繁华的都市，还有许多风景需要她去装点，许多故事等待她去填补，甚至许多传奇需要她去演绎。

大上海的名媛唐瑛请陆小曼夫妇吃饭，王赓有事，不能同行。留下话，让小曼不可单独随他们外出跳舞。与之一起的同伴便玩笑说："我们总以为受庆怕小曼，谁知小曼这样怕他，不敢单独跟我们走。"小曼听罢便随他们上车，正巧王赓归来，怒斥："你是不是人？说定了的话不算数。"

这一骂，把他们夫妻最后一点情分，亦给割断。陆小曼在众人面前受到王赓的辱骂，自是愤慨无比。她原本支离破碎的心，再也不能拼凑完整。她将王赓当众辱骂之事告知父亲，陆定也异常气愤，支持女儿，与王赓离婚。

后来便有了上海功德林的那场宴席。徐志摩束手无策之时，找到胡适，胡适亦无良计。后来又寻得陆小曼的绘画老师刘海粟，诉说他和小曼这段生死恋情。一句"小曼是要愁坏的，她太苦了，身体也会垮的"，让刘海粟生了恻隐之心。

刘海粟曾对陆小曼有过非常高的评价："她的古文基础很好，写旧诗的绝句，清新俏丽，颇有明清诗人的特色；写文章，缊藉婉约，很美，又无雕凿之气。她的工笔花卉和淡墨山水，颇见宋人院本的传统。而她写的新体小说，则诙谐直率。她爱读书，英法原文版小说，她读得很多。"

刘海粟受人之托，亦是打心底欣赏光彩照人的陆小曼。他在上海著名的素菜馆功德林宴客，邀请徐志摩、王赓、陆小曼母女，以及张歆海、唐瑛等人。这本就是一场别具安排的宴会，刘海粟在坐席上提出反对封建婚姻，愿有情人终成眷属。

王赓知他话中深意，却不失风度，和刘海粟举杯对饮。祝福自己，也祝福别人。想来，王赓内心的痛苦，不弱于徐志摩和陆小曼。他们虽不能坦荡相守，却灵魂相依，他只是空得虚名，默默承担她的背叛，承担即将来袭的风雨和大的破碎。

当年，他喜得佳人，郎才女貌，也曾是众人眼中艳羡的一对玉人。如今，他的存在，却阻碍了别人的良缘。纵算没有徐志摩的出现，他和陆小曼，也未必会白头。人生果真如梦，喜忧相随，纷闹闹开幕，冷清清离场。

王赓自知覆水难收，还在做最后的挽留。宴席归来之后，他沉默了一段时间，尽管知道不会有丝毫的转机，他亦需要时间，慢慢来填平伤口。他虽不解情爱之妙趣，却也有他的尊严和骄傲，他苦心修筑的城墙，有一朝轰然倒塌。

人物故事四屏（1930）

庚午嘉平之月臨玉壺山人筆 陸小曼

直到那一天，王赓打破了沉闷已久的宁静。他意味深长地对陆小曼说："我想了很久，假如我们在一起，已经没有乐趣可言。既然你和志摩情意相投，只要你们在一起能够幸福，我愿意退出，和你离婚。"

王赓可以坦然地放下，也算是一种修为。这个世界，需要慈悲的妥协，成全别人，亦是成全自己。缘起嬉笑，缘灭怅然，不过匆匆刹那。以后的流水光阴，他们各自离散，再也不能遇合。

第十三章　好梦成真

夜色阑珊，低眉掩卷。淡淡月华透过树梢，洒落在旧窗上，清冷迷离。有时觉得自己是那宋词中走出来的女子，古韵悠悠，带着倾世的温柔和婉约；有时又觉得是那民国雨巷走来的女子，风情款款，过尽旖旎光阴，独留一色。

而陆小曼则停留在民国那场漫长的烟雨中，再也走不出来。其实我和她之间，也只是隔了一道岁月如烟，她有她的宿命，我有我的尘缘。原本一生一世都不可能交集的人，竟也有这么一段短暂的擦肩。明明不相干的人，却偏偏有着许多相似的情怀。

上海这座不夜城，每次来都是匆匆走过，至今也没能真正看清它的容颜。这里停留过太多的乱世佳人，她们像海上的浪花，也曾波涛汹涌，最后，无声无息。年岁交替，朝暮无常，佳人远去，上海还是那个上海。

癸未（1943）中秋小曼陆眉

王赓到底是屈从了命运，退出这场情战。作为一个军人，甘愿认输，也需要男气。陆小曼如释重负，可想到王赓这几年种种的好，亦是愧疚难当。推窗，只觉风光无限，每一缕清风，每一片白云，都那么自由洒然，那么随遇而安。

原本春光如画，骤然又成了落叶黄昏。正当王赓答应陆小曼离婚不久，陆小曼发觉自己有了身孕。她若生下孩子，与王赓的离婚将成为泡影，而与徐志摩一年多的努力，亦将付之东流。如若选择舍弃，又觉对不住王赓，自己亦于心不忍。

为了她和徐志摩这段爱情能修正果，陆小曼到底还是义无反顾地选择流产。她没有告诉任何人，只是悄悄带了一个随身丫头，找到一位德国医生做了手术。无奈手术失败，陆小曼原本柔弱的身子，从此更是病痛缠身。她永远地失去了做母亲的机会，就连夫妻欢愉时亦会昏厥。

人生果真福祸相依，陆小曼视这一切会因果报应。倘若没有她和徐志摩的这场相恋，她的人生会是另外一番景象。或许平淡，至少也是夫妻相敬如宾，儿女双全。陆小曼其实很喜欢孩子，她曾说过："摩，到底还是有孩子的好。冷清时解解闷，比什么都好，我真后悔……"

她得到了爱情，失去了人生另一种幸福，这是她自己下注的筹码，成败各半。后来陆小曼与徐志摩婚后，一直无法生育，便认了好几个干女儿。可她晚年终究还是寂寞无依，日夜对着阿芙蓉，漫漫凄凉。民国才女张爱玲更是离群索居，漂流海外，尝尽冷暖风霜，一个人孤独到死。相比陆小曼似乎更幸运一些，她身边至少还有一个翁瑞午。

人生就是如此，没有走到最后，谁也不知道真正的结局。前方的路有风雨，亦有阳光，若是迷途，则尽早知返。若不幸剑走偏锋，葬身幽谷，也要无怨无悔。人海过尽，何来真正的安稳现世，就这样孤独单薄地走下去吧，走成绝世的风景。

陆小曼的父亲陆定请了上海的律师李祖虞，希望尽快办理好他们的离婚手续。好事多磨，离婚之际，又逢王赓官司缠身。他那时代表北洋军阀来到上海购买军火，卖家是个白俄，王赓将购买军火的款项交给白俄以后，谁知他携款逃走。北洋政府来上海查办此事，将王赓关押收监。

1925年底，律师李祖虞找到王赓，王赓于监狱签了离婚协议。这一年，陆小曼年仅二十二岁，却已是过尽沧海桑田。王赓虽饱受双重打击，但依旧十分清醒从容。世间多少爱，需要拱手成全，一厢情愿地死守，反将自己陷入更深的泥淖。

王赓离婚时对徐志摩说："我们都是知识分子，我纵和小曼离了婚，内心并没有什么成见，可是你此后对她务必始终如一。如果你三心二意，被我知道，我定会以激烈手段相对的。"可见，王赓于内心深处，始终爱着陆小曼，但他必须放手，从此萧郎是路人。

后来陆小曼和徐志摩大婚时，王赓收到喜帖，随即奉上贺礼。并写：苦尽甘来方知味。供小曼玩。受庆王赓。直到徐志摩飞机失事，王赓去探望悲伤欲绝的陆小曼，依旧希望可以重新将她爱护。只是光阴偷换，山河故人，世事茫茫两不知。

陆小曼和徐志摩的情事惊动了民国世界，如今他们总算可以偎依携手，共赴未来的春秋岁月。曾经无数个漫漫长夜的等候，经受无数流言责骂，此刻都是值得的。多少海誓山盟的诺言，抵不过片刻真实的相处。

陆小曼要和徐志摩结婚，再遇阻扰。心结尚未打开的吴曼华，不肯答应，经不起陆小曼的苦苦哀求，又受不住徐志摩的百般讨好。最后提出两个要求，方能点头。一则请梁启超证婚，再则婚礼要在北海公园图书馆礼堂举行。

更让陆小曼和徐志摩为难的是徐志摩父亲徐申如的反对。徐申如对徐志摩离弃张幼仪之事一直耿耿于怀，如今再娶一个离过婚的女人进门，更是有辱风尚。他不喜欢陆小曼，始终认定她是品行不端、轻薄肤浅之人，并不能给徐志摩带来安定和幸福。

徐志摩为了此事亲自南下，徐申如见他心意坚定，劝阻徒劳，勉强应允。并把家产分成几份，老辈留了一份，张幼仪和儿子阿欢一份，徐志摩和陆小曼一份，同时徐氏夫妇认张幼仪为干女儿。

徐申如唤回了远在国外的张幼仪，他觉得徐志摩和陆小曼的婚事，

桐荫仕女图（1943）

须经得张幼仪亲口同意，方能作数。辗转几月，张幼仪风尘仆仆抵达上海，原本与她无关之事，竟莫名地牵扯进来。对徐志摩，张幼仪没有恨意，这几年的海外漂泊，让她尝尽冷暖，加之幼子的丧生，让她更加体味到人生的无奈和悲哀。那颗千疮百孔的心，已是波澜不惊。

徐志摩和陆小曼的这场爱情，张幼仪早有耳闻。她理解徐志摩，知他风流多情，情到深处难以自持。当初为了林徽因将她抛弃，无情冷漠，说不伤心是假的。但她早已从困境走出，如今看到徐志摩和陆小曼的风风雨雨，亦是心生叹息。

陆小曼在张幼仪眼中，是个美丽的女子。当年她既没有恨林徽因夺她所爱，此刻更不会怪陆小曼。人生这场修行，她走得艰辛，也比她们走得从容。徐志摩感恩张幼仪，曾经在他眼中的凡妇，如今却像崖畔的云松，没有林徽因的如莲素雅，亦无陆小曼的嫣然含笑，却另有一种惊心。

原本深刻沉重的人生，实则应该简净清宁。是流年的搁浅，是命运的编排，让他们的故事，染上了岁月的霜华。徐志摩生命中的三个女人，三段感情，不必问谁比谁真心，谁又比谁惊艳。她们亦只是经过他的时光，住进他的心里，而后又淡淡离去。

徐申如答应了徐志摩和陆小曼的婚事。提了三个要求：结婚费用自理，家庭概不承担；婚礼由胡适做介绍人，梁启超证婚；婚后必须南归，安分守己过日子。

莫说是三个要求，纵是百个千个，徐志摩亦会欣然接受。红尘孽海，颠沛流离，他们宛若两朵游走的飘萍，早已倦了人世，需要安静舒适的港湾。

岁月到底待他们不薄，纵算只有一日温柔情深，亦当感恩。他们的爱，如同苍茫的云水，浩渺无边。忘记晨昏，忘记悲欢，但求一诺，静守天荒。

第十四章　缘定三生

一切都如意。看阶前，翠竹溪水，漫天飞雨。燕子楼头双嬉戏，枝上蝉声闲逸。多少事，悠悠来去。静扫浮尘悄待客，让时光，留驻茶烟里。相坐在，旧窗底。

三生石上曾偶遇，再重逢，你中有我，我中有你。驿路梅花开几度，人世十年踪迹。依旧是，当时自己。金玉良缘原非梦，盼情深，无谓悲和喜。秋已至，晓风起。

——《金缕曲》

犹记入秋时，写下这阕词，转瞬已过几月，恍若做了一场悠悠尘梦。有的人，一生平安喜乐，不遇大的劫数，只守着平凡的烟火幸福，安然到老。有的人，短短几十载岁月，却经历了别人几生几世的故事。

我又何尝不想拥有烟火的幸福，一生平宁无事，静守岁月清欢。奈何命运总是枝节横生，不肯罢休，舍得下名利功贵，难舍三生情缘。亦算是明白，陆小曼缘何如此不依不饶，为寻真爱，倾付所有。

七月初七，牛郎织女一期一会之日。陆小曼和徐志摩选择在这一日举行订婚仪式，亦是希望有情人终得眷属，纵是天上人间，也要携手朝夕，烟火与共。

那一日，北海公园图书馆礼堂热闹非凡，衣香钗影，宾客如云。在场的宾客，有人为这对才子佳人终修得正果而送上祝福，也有人窃窃私议，讥讽嘲笑他们不齿的行为。陆小曼是个勇敢的女子，就算让自己低到尘埃里，也要幸福。

徐家二老没有出席婚礼，他们内心深处始终不能坦然接受陆小曼这个儿媳妇，也不能原谅徐志摩几番叛逆的行为。徐申如仅来电告知：“余因尔母病不能来，幼仪事大旨已定，你婚事如何办理，余自主之，要款可汇。”

骄傲的陆小曼又怎么会要徐申如的银钱，她要的只是他的认可和尊重。尽管她知道，在徐申如的心里，她永远无法超越张幼仪，但她既已选择徐志摩，就断然不会计较这微小的得失。一路行来，陆小曼为今日拥有的幸福付出了太多的代价，所幸，一切都值得。

令人尴尬又惊骇的是，婚礼上证婚人梁启超那出人意料的证词。“徐志摩，你这个人性情浮躁，所以在学问方面没有成就。你这个人用情不专，以致离婚再娶……你们两人都是过来人，离过婚又重新结婚，都是用情不专。以后痛自悔悟，重新做人！愿你们这次是最后一次结婚！”

一顿痛训，震惊了场内云集的宾客。陆小曼和徐志摩自是羞愧，无计可施只好委屈地接受批判。结婚本是两个人的事，两个人的情感，两个人的日子，两个人的未来。只是，今日你在此处倾听别人的故事，来日听你故事的人又是谁。

梁启超本为徐志摩的恩师，他自始至终对陆小曼都有成见。他认为徐志摩和陆小曼结合，将陷于灭顶，他日必受其害。他盼望着徐志摩可以醒悟，远离陆小曼，寻找更合适的人生伴侣。但这只是他一厢情愿的想法，徐志摩再听不进去任何的劝阻。

爱情不是量体裁衣，是否合适，唯有自己知道。就如春日枝头千姿百态的繁花，那一朵恰好让你一见倾心，又如那千杯交错的茶宴中，只有一盏属于你。有人说，徐志摩因为得不下林徽因，还有凌叔华，才退而追求陆小曼。像他这样的风流才子，心仪几个红颜知己，亦属寻常，何来退而求其次。

爱情很虚幻，日子却真实。陆小曼和徐志摩从以往虚幻美丽的恋爱中走出来，回到烟火俗世中，晨昏相处，直到慢慢归于平淡。新婚时他们同住同修，彼此情深，忘了耕，废了织，过了一段令山河亦为之动容的时光。

“以后日子中我们的快乐就别提了，我们从此走入了天国，踏进了乐园。一年后在北京结婚，一同回到家乡，度了几个月神仙般的生活。过了不久因为病灾搬到上海来，在上海受了几月的煎熬我就染上一身的病。后来的几年中就无日不同药炉做伴，连摩也得不着半点的安慰，至今想来我是最对他不起的。”

短短几行字，从喜至悲，人生原该就是有这样的阴晴圆缺，起伏变数。婚后不久，陆小曼和徐志摩依从徐申如之命，一同去了徐志摩的家乡海宁硖石。那是一个美丽诗意的江南小镇，陆小曼对这里的风土人情一见倾心。

为了取悦徐志摩父母，陆小曼比之平日，更是穿戴朴素大方，端庄贤淑。徐申如初见陆小曼，见她眉目清秀，优雅端丽，气质出众，俨然大家闺秀的模样。尽管如此，依旧改变不了徐申如对陆小曼的偏见。

徐申如认为，真正的大家闺秀，就应该从一而终。尽管他打心里不喜欢陆小曼，但她毕竟已是徐家的儿媳，善缘也好，孽缘也罢，日子到底是要过下去。况他在硖石也算是个人物，于情于理，都不能对陆小曼太冷淡。

徐申如为徐志摩和陆小曼修筑了一座中西合璧式的二层楼婚房，十分壮观气派。徐志摩曾在写给陆小曼的信中有提到新居之事：

簾外雨潺潺春意闌珊羅衾不耐五更寒夢裏不知身是
客一晌貪歡 獨自暮憑欄無限江山別時容易見時難流水落花
春去也天上人間 浪淘沙 李煜詞一首 戊子冬孟 陸小曼并記

唐人词意图（1948）

献荔图（1947）

“新屋更须月许方可落成，已决安置冷热水管。楼上下房共二十余间，有浴室二。我等已派定东屋，背连浴室，甚符理想。眉眉爱光，新床左右，尤不可无点缀也。此屋尚费商量，因旧屋前进正挡前门，今想一律拆去，门前五开间，一律作为草地，杂种花木，方可像样。惜我爱卿不在，否则即可相偕着手布置矣，岂不美妙。楼后有屋顶露台，远瞰东西山景，颇亦不恶。不料辗转结果，我父乃为我眉营此香巢；无此固无以寓此娇燕，言念不禁莞尔。”

一溪水、一条桥、一支橹声、一林松、一丛竹，陆小曼和徐志摩住进了这座世外仙源，做了一对远离俗尘喧嚣的神仙眷侣。在这里，再没有纷纭的世态，亦无散落的流言，唯山水清流，草木香远。

陆小曼每日睡到中午起床，饭后在慵懒的阳光下休憩打盹，与徐志摩温情软语，不尽缠绵。后来徐申如看不惯徐志摩一味地护着陆小曼，干脆收拾行囊老夫妇去北京找张幼仪了。陆小曼因身体欠佳，亦无心气恼，于景致怡人的宅院静心养病。

栽花植草，吟诗作画，携手楼台，静看云起。原本喜爱烈火烹油的陆小曼，在这慢时光里，沉静下来。只觉过往人生，恍若一场大梦，而今她醉心于这座江南水乡，不能醒转。禅心如水，看莲花次第开放。这段安宁静谧的光阴，应该是她此生最静美的修行。

“我的小园庭，有时候荡漾着无限的温柔，善笑的藤娘，袒酥怀任团团的柿掌绸缪，百尺的槐翁，在微风中俯身将棠姑抱搂，黄狗的篱边，守候熟睡的珀儿，它的小友小雀新制求婚的艳曲，在媚唱无休……”诗人徐志摩的笔，描摹着依稀的梦境，他们在梦里淡然心弦，任凭岁月往来如梭。

可叹，好梦由来太易醒。不过几月光景，陆小曼和徐志摩便从这温柔的时光里醒来，被迫远离仙源，去了她的命定之城。她只是硖石的一个匆匆过客，拥有过寂静的幸福，留下翩翩倩影。

本来看倦了风物，过尽了世情，总算寻得一处无有尘世喧烦之所，和至爱的人，赌书泼茶。奈何红尘终是游戏，不如归去，无谓聚离。

想起《红楼梦》史湘云念的那阕《点绛唇》。“溪壑分离，红尘游戏，真何趣，名利犹虚，后事终难继。”

人生何趣，浮利虚名，镜中恩情，不过是烟云一场。

第十五章 海上夜莺

上海，一座金粉之都，充满诱惑和迷幻的城。它高贵又冷漠，热闹又孤独，多少人在这里找寻梦想，又有多少在这里丢失自己。万物生灭聚离不可预知，我们奔走迁徙，亦只是在寻找人生最后的归宿，再无其他。

上海，是陆小曼的缘，也是她的劫。民国乱世，何来真正的安稳？战事催急，陆小曼和徐志摩被迫离开硖石小镇，匆匆赶往上海。为了安身，他们暂时寻了一家普通旅馆栖息，可养尊处优的陆小曼如何经得起这样的折腾？为了舒适一些，后又搬到宋春舫家中。

徐志摩给张幼仪的信中写道：“我不瞒你说，早想回京，只是走不下去，没有办法。我们在上海的生活是无可说的……破客栈里困守着，还有什么生活可言。日内搬至宋春舫家，梅白路六四三号，总可舒泰些。”

为求生计，徐志摩在上海光华大学找了一份教职，有了稳定的收入。陆小曼生性喜爱奢华的生活，加之病骨柔弱，受不得半点委屈和怠慢。后来又几经辗转，住进了法租界福熙路一套摩登的三层小洋房里，总算是尘埃落定。

不久后，陆小曼的父母也从北平搬来与他们同住。他们的洋楼着实气派，哪像是流离避难之所，比之海宁硖石的房子有过之而无不及。洋房装饰豪华壮丽，红木家具，古玩花卉，文房之物，皆陈设妥当。

一楼安置了佛堂，洁净端正，二楼设为卧房，典雅气派，三楼为徐志摩的书房。后来小曼染上了烟瘾，她还特意为自己安置了豪华吸烟室。舒适的烟榻，让这位海上佳人每日吞云吐雾，逍遥人生。陆小曼在这座洋楼里打牌、唱戏、听曲、抽烟、煮药，错乱纷纭的日子，过得不亦乐乎。

也是，像她如此精致的女子，纵算是落魄，亦要优雅倾城。被称作十里洋场的上海，夜生活让能歌善舞的陆小曼如鱼得水。她本是北京社交的名媛，如今又是多情才子徐志摩的太太，她如一朵风流出世的兰，给上海这座浮华的洋场，带来清新雅致之风。

陆小曼的照片开始出现在《上海漫画》等刊物上，时而清雅秀丽，时而妩媚妖娆，时而端庄沉静。她生来就是个妖精，无论置身何处，都有其遮掩不住的锋芒。不过短短数日，陆小曼的名字就已风靡上海滩。

后来，唐瑛和陆小曼还做了云裳公司的模特。一个似玫瑰热情，一个如幽兰清雅。有一首《如梦令》吟道："云裳尔许丽都，花容月下谁知？晚装楼十里，甚帘敢卷真珠。仙乎仙乎，一时瑜亮唐家。"

在上海，陆小曼有如金枝玉叶，奢侈无度。她长期雇佣汽车司机，家里请了丫头荷珍、巧珍、桂珍，还有做饭的老妈子、老佣人等。安逸的生活，让陆小曼渐渐变得慵懒、贪玩、爱吃。她每天过午方起床，然后洗弄装扮吃饭，下午作画、会客，晚上便是跳舞、打牌、听戏。

陆小曼讲究吃，家里吃的东西琳琅满目，而且都是珍稀之物。徐志摩宠爱娇妻，绞尽脑汁为她四处寻集美食。各类罐头、火腿、茶叶、水果，真是应有尽有。陆小曼爱吃杨梅，竟连嗓子都给吃扁了，一向擅长的戏也唱得不是味儿。

在徐志摩的眼中，陆小曼吃亦是一种曼妙姿态，亦娇媚无比。他曾写下这样一段生动文字："勤食亦一堕志事，习成，少间即感不怿，非手有所抬，口有所啮，即不能安坐，眉害我也。榴子渐戋，色亦渐衰。眉持刀奋切，无当意者，则弃置弗食。然此时令为之，榴实无咎。雪里红烧细花生，真耐啖。炉边白箸亦焦粹透味。糖葫芦色艳艳迎人。蜜汁樱桃一瓶，仅存底浆。然眉儿犹哓

桃花双禽（1947）

哓苦口不尝新味，娇哉！”

陆小曼是奢华骄纵的，可她的华丽，又是那么真实动人。她像一枝寒梅，疏影横斜，置身浮乱的夜上海，冷艳奇绝。她的华丽，不是刻意堆砌，她又似芙蓉，独领清溪，天然去雕饰。她穿素净的蓝布旗袍，淡妆轻抹，短发别耳，平鞋莲步，又那样简洁大方，骨子里透露出艳丽和高雅。她的惊艳，非同于一般俗流，好似世间万物见之亦要为她生动。

但她分明就是奢靡放纵的，她时常包订剧院，夜总会等娱乐场所的坐席，甚至还光顾豪华的赌场。陆小曼的干女儿何灵琰曾回忆：“干娘真是会玩，还带我们去著名的一百八十一号赌场，那是一所私人大花园洋房，楼上楼下布置华丽，灯火通明，客人们全是当时社交场合中有名气的人物。我对赌当然一点也不懂，只记得客人可以随意点东西吃，不必付钱，干娘给我点了罐头桃子，那是我第一次吃那样的桃子，觉得好吃得很。”

据王映霞回忆：“陆小曼派头不小，出入有私人洗车，家里仆人众多，司机、厨师、男仆、贴身丫头，她们年轻时尚，不知道的还以为是主人家的小姐呢。小曼想买什么就买什么，不顾家中需不需要，更不问价格。”

这就是陆小曼，任性而为，我行我素。她懒散随性、挥霍无度、铺张浪费。她时而绝世倾城，像璀璨的明珠，在灯火通明的舞场风云不尽。时而又病弱如西施，躺在病榻上，软语呢喃。白日里，她罗裙翩翩，柔软无力，像个幽魂在家里飘荡。夜晚，她装扮齐整，于麻将中设局，舞池里摇摆，乐此不疲。

陆小曼的家里，宾客如云，胡适、江小鹣、邵洵美、张歆海夫妇，后来多了个翁瑞午。他们聚在一起闲聊打趣，于茶食中虚度光阴。陆小曼就是贪玩，徐志摩为了让娇妻心悦，对她百般迁就，千恩万宠。

也曾委婉相劝过："我不愿意你过分'宠物'，不愿意你随便花钱，无形中养成'想要什么非要得到什么不可'的习惯；我将来决不会怎样赚钱的，即使有机会我也不来，因为我认定奢华的生活不是高尚的生活。爱，在俭朴的生命中，是有真生命的，像一朵朝露浸着小草花；在奢华的生活中，即使有爱，不能纯粹，不能自然，像是热屋里烘出来的花，一半天就有衰萎的忧愁。"

可陆小曼的性子，哪里肯听人劝。她就是喜爱烈火烹油，繁花簇锦的生活，并不是因为虚荣，而是骨子里向往这样的随性自在。她的人生要自己做主，不愿意被任何人事、物象所束缚。她如一缕来去自由的风，丝毫的阻挡和劝慰，都会心生厌烦。

布衣素食的日子，陆小曼也能过，只是不到迫不得已，她始终不肯对生活让步。这样的女子，活得热闹纯粹，活得明媚光明，她肆无忌惮，却磊落坦荡。她贪吃懒惰，奢靡成风，却一点也不忸捏作态，不刻意矫情。

当徐志摩写下，眉，你我几时去山中做神仙去。而陆小曼却醉倒在上海滩的霓虹灯下，不知归路。徐志摩是诗人，他钟情山水自然的清欢，愿一枝疏影，一弯冷月聊寄心怀。而陆小曼还是个贪玩的女孩，不将尘世五光十色的风景看尽，誓不罢休。

她是夜莺，披着华丽的羽衣，不知疲倦地欢唱嘶喊，快乐又惊喜，凄厉又悲绝。

第十六章　戏梦人生

烟火世间，万象迷离。人生百态，众说纷纭。这世上到底还有许多执迷不悟的人，为了一首诗、一出戏，甚至一盏茶、一帘雨，而倾注感情，投入真心，忘记自己。

陆小曼成了上海的夜莺，你沉睡时，她清醒着；你清醒着，她悄然入睡。她又是民国戏台上的一个伶人，轻歌曼舞，热情演绎和传唱别人的风华与冷清。她到底是不甘寂寥，恨不能透支所有的时光，倾尽一切耗费她的青春。

的确，她有骄傲的资本，也有输得起的勇气和决心。她足够年轻，二十几岁，一个女子风华正茂之时。也足够美丽，早在二八年华就已风靡京城，如今更是风姿绰约。亦有足够的气场，无论行至何处，置身何地，皆是最惊艳的风景。

她尽心倾情去追寻繁闹与奢华，不是为了鲜花和掌声，而是她骨子里，欢喜这样的生活。她经不起金粉之都的诱惑，守不住俗世中平淡的烟火幸福。徐志摩的诗，可以滋养她的性灵，给她安逸，却不能给她酣畅淋漓的快乐。

新婚的那段静谧时光已经渐行渐远，后来徐志摩连和陆小曼安静厮守的机会都微乎其微。白日他奔走于各大学校讲课，稍有空闲便是伏案写稿，绞尽脑汁为了挣取更多的钱，供陆小曼挥霍。尽管如此，他们的生活依旧是入不敷出。

陆小曼从不过问钱的来处，也不心疼徐志摩艰辛的付出。并非她没心没肺，而是她根本就不在意俗流，不理世事。况徐志摩一味宠爱她，对她的付出，无怨无悔。陆小曼的世界，除了交朋结友，就是吃喝玩乐。她对朋友诚恳热情，百般照顾，不图回报。

陆小曼每日跳舞打牌，不亦乐乎，但她最钟情，则是唱戏。以往她的生活皆是飘摇不定，如今在上海驻足，便痴迷上听戏和唱戏。她非科班出身，却蕙质兰心，勤于钻研，与戏结缘。她声调轻柔委婉，装扮优雅艳丽，姿态亦是风流曼妙。

“唱戏是我最喜欢的一件事，早几年学过几折昆曲，京戏我更爱看，却未曾正式学过。可是天下事情不临到自己亲身做是不会知道实际困难的，也是我从前看得唱戏太容易了，无非是唱做，哪有什么难？我现在才知道这种外行的狂妄是完全没有根据的。”

“小女子年方二八，正青春被师傅削去了头发。我本是男儿郎，又不是女娇娥……”陆小曼扮演《思凡》中的小尼姑，扮相美妙清俊，表情台步皆如流云流水，自然生动。一颦一笑、一言一动、举手投足都非常传神。

她体弱多病，每回一练戏就头昏，一上装就作呕。可她顾不上病体，依旧欢颜做戏，让无数看客一睹佳人风采。她时常会入戏太深，忘记自己只是个戏子，装扮着别人的悲喜，体会别人的爱憎。脱下戏服，厚重的头饰，她还是那个招摇的陆小曼。

1927年冬日，陆小曼受江小鹣和翁瑞午之邀，演了一场《玉堂春》，座无虚席。压轴戏都是陆小曼，可谓是花开逢时，春风得意。陆小曼爱戏，徐志摩亦不能幸免，他时而也要去凑个角色，此为伉俪间的乐趣。尽管徐志摩并不十分乐意，也不肯违背爱妻心意，勉强做个配角，聊寄闲情。

“我情愿，在冬至节独自到一个偏僻的教堂里去听几首圣诞歌，但我却穿上了臃肿的袍服上舞台去串演出不自在的‘腐’戏。我想在霜浓月淡的冬夜独自写几行从性灵暖处来的诗句，但我却跟着人们到涂腊的跳舞厅去艳羡仕女们发金光的鞋袜。”

诗人是孤独的，唯有在孤独寂寥时，方能走进自己的内心，找寻灵魂深处的感动。徐志摩虽然也喜欢友朋相聚，闲话古今。但他更向往安静的居所，在薄冷的月光下，岁月的轻烟里，恍惚的戏梦中，抓住那一抹令人心动的柔情和暖意。

仿仇英春思图

爱一个人，可以遗忘自己，甚至抛弃自己。徐志摩为了陆小曼，的确隐忍太多，他所做的一切，只为博红颜一笑。但他是诗人，诗人内在的气质，永远不会更改。无论他是否在爱情的迷途走失，也可以重寻最初的自己。这是灵魂的魅力，文人、诗者、画客皆如此。许多人看陆小曼纸醉金迷，失了当年的灵性，岂不知她的情怀，会在她的骨血里流淌一生。

陆小曼不仅听戏唱戏，还译戏。她早期翻译《海市蜃楼》，后来和徐志摩合作剧本《卞昆冈》。陆小曼静不下来，写东西于她是件难事，执笔之人自然是徐志摩。陆小曼欣赏的是徐志摩的纯粹和灵性，在她眼里，徐志摩的文字生动传神，读罢可以暂忘人间烟火。可她还是从他安静有灵的诗中走出来，在戏里戏外，演绎属于她自己的风华。

那时间，陆小曼的名气和风采，超越许多名角。她也喜欢捧角，被她捧红的戏子，有十余位。磊庵的《聪明自误的陆小曼》曾说："尤喜欢捧坤伶，先后有小兰芬，容丽娟及马艳秋、马艳云姊妹，花翠兰、花玉兰姊妹，姚玉英、袁美云等人，均受过她的扶掖。她平日泼撒已惯，对于捧角，更是一掷千金，毫无吝啬。"

陆小曼不能生育儿女，为此生憾事。她认了许多小戏子做干女儿，填充寂寞，打发光阴。她可以在她们身上看到自己的影子，找寻快乐，愿与她们一起，戏游人生。陆小曼对人对物皆出于真心，不问因果，不计得失，她只管自己喜欢，情仇爱恨不着于身。

她跳舞唱戏，写字绘画，样样精通。她容貌气场，令人不敢逼视。她吃穿用度皆随心所欲，快意风流，不肯有丝毫的委屈。她广交朋友，男性朋友更是不计其数。胡适、刘海粟、江小鹣、翁瑞午等人频繁往来，见面时欢声笑语，不见时书信不断。

她是一朵明丽妖艳的海棠，开在万绿丛中，耀眼，惊世。但她坦荡清白，与他们相处，她随意自在，从不避嫌。无论是有情还是无意，她都一般心态相待，好似落花不沾身。她此生归宿是徐志摩，无论她多么放纵任性，亦不会轻易背叛爱情，更不会背叛自己的心。

生活上诸事她不听从徐志摩的，哪怕是极小的一件事，她也要自作主张，对他的话视若无睹。别人任意的召唤，她便梳妆打扮即刻就走。她就是爱热闹，喜应酬，别人珍视如金的光阴，她用来舍命挥霍，毫不留情。

这就是陆小曼，活得真实彻底，张扬执意。她依附徐志摩，靠他的钱财过奢侈生活，却不依从他的心意。她可以惶惶不可终日，也可以寂寞不问所依。无论她走到哪种境地，落魄无依，美人迟暮，亦有其颠倒众生的气质。她一生我行我素，不介意流言诋毁，又吝啬得不用片言只语为自己辩白。

她若不自伤，任谁也不能近身。她的人生如戏，冷暖阴晴，真假悲欢，无人能懂。别人都在戏外徘徊，独她在戏梦中沉浮。当别人走进戏里，为之拭泪叹息，她则转身离场，留下如山看客，灯火楼台。

第十七章　芙蓉仙子

都道人生寂寞如雪，可这漫长寂寥的人生，又该如何好好地走下去？韶华匆匆，转瞬白头，曾几何时，向往姹紫嫣红的春光，锦绣如织的风景，而今则希望时光可以慢一点，再慢一点。简衣素食，喝清淡的茶，和植物相伴，过安静的日子。

世间多少事，经过了方可从容，失去了才知珍惜。想来陆小曼，就是不肯听信宿命，害怕寂寞相依，才会在年华正好的时候，舞尽春秋的光芒。若她生来姿色平庸，亦无才识和灵性，人生该是另一番景象。浩荡如烟的上海，熙攘拥挤的人流，更不会留下与她相关的一丝气息。

可她终是不同，她跳舞，风华绝代；她唱戏，惊艳四座；就连吸鸦片，也得到芙蓉仙子的美称。民国才女张爱玲曾在文章里写道：“我的继母是陆小曼的好友，两人都是吞云吐雾的芙蓉仙子。”无论这仙子的称号，是否隐含了嘲弄和讥讽，以陆小曼的美色和风情，亦是堪配得起。

张爱玲的继母孙用蕃，也只是民国世界里一个悲情的女子。倘若不是因为张爱玲，这个无关紧要的名字，早已被遗忘在历史某个无人问津的角落，落满尘埃。她跟陆小曼的那段渊源，想必亦只是因为她们有了共同的嗜好——鸦片。

陆小曼体弱多病，有哮喘和胃痛之疾，疼痛时呼天喊地，不知所措。徐志摩为她遍访名医，找寻药方，终不得效。“曼的身体最叫我愁。一天二十四小时，她没有小半天完全舒服，我没有小半天完全定心。”

这个女子，美丽与病痛相生，寂寞和热闹并存。命运待人待事何其公平无私，那些看似风光无际的人生，背后隐藏了许多不为人知的悲凉。陆小曼虽美丽耀眼，却一生病痛缠身，不得安宁。也是，人生若是求仁得仁，又何来那些艰辛与苍凉。

来上海不久，陆小曼通过江小鹣认识了翁瑞午。这个男子，原本同其余的绿叶一样，只是为了衬托陆小曼这朵娇艳的海棠。可他这一伴，就是三十余载，对她不离不弃，与她福祸相依。倾尽他一生的温柔、财富，只为消她灾痛，护她平安周全。

徐志摩爱陆小曼，用他诗人的柔情，男人的大度，对娇媚的妻子千恩万宠。他的爱，热烈如火，并非不够经久，奈何生命有限，

陸小曼寫於海上

上苍给他的时间只有那么多。而翁瑞午则有幸，他虽没有和陆小曼结为连理；却在漫长的光阴里，为她默默付出，深情陪伴。

有人说，陪伴是最长情的表白。翁瑞午爱陆小曼，三十多年与她相濡以沫，风雨并肩，其间遭遇许多劫数和灾难，都不曾离弃。是，年轻时陆小曼的确风华绝代，可后来她容颜失色，牙齿落光，病不离身，他仍是相伴左右，嘘寒问暖，递水端茶，无怨无悔。

翁瑞午为何人也？他字恩湛，吴江人，翁绶祺之子。翁绶祺是翁同龢的门生，官至广西梧州知府。翁瑞午擅长书画，会诗文，富收藏。他会唱京戏昆曲，深得梅兰芳赏识，又随丁凤山，学习中医推拿。

倘若没有陆小曼，翁瑞午也是民国世界上海滩一位颇有才华的文人公子。论倜傥风流，他也许不及盛名远扬的徐志摩。但因了陆小曼，他的人生被赋予了另一种传奇色彩。他甚至比徐志摩更适合陆小曼，但陆小曼对他只是陪伴，没有爱情。

他们一起唱戏，一起作画，也一同游玩。他们一起在烟榻上吞云吐雾，不理外界纷扰，忘记人世苦难。他为她变卖收藏，不遗余力，他听她诉说哀怨愁烦，对她体贴入微，呵护备至。最重要的是，他给她按摩推拿，手到病除。

陈定山《春申旧闻》载："陆小曼体弱，连唱两天戏便旧病复发，得了昏厥症。翁瑞午有一手推拿绝技，是丁凤山的嫡传。他为陆小曼推拿，真是手到病除。于是，翁和陆之间常有罗襦半解，妙手抚摩的机会。”

每当陆小曼病痛难熬时，徐志摩便为她请来翁瑞午。只要他经手推拿，陆小曼的病痛就会得到缓和，就连脾气亦会好转，柔和许多。徐志摩心疼陆小曼，见翁瑞午可以减轻爱妻的病痛，对他非但没有醋意，还感激不尽。

徐志摩曾说：“夫妇的关系是爱，朋友的关系是情。罗襦半解，妙手摩挲，这是医病。芙蓉对枕，吐雾吞云，最多只能谈情，不是肌肤相亲。”这位倜傥风流的多情才子，亦是个豁达坦荡之人，他的宠爱和信任，令陆小曼对他的情感一生坚贞不移。

翁瑞午后来成了陆小曼家里的常客，他和徐志摩夫妇还经常一起出游。陆小曼开销大，家里佣人、厨师、车夫十余家仆，仅依靠徐志摩一个人的收入，难以维持。翁瑞午是个慷慨之人，对他们时有资助，不惜变卖家藏古董字画。

陆小曼对翁瑞午没有情，可他离不开翁瑞午，离不开他妙手回春的绝技，离不开他的温存暖意。为了减缓疼痛，翁瑞午干脆叫陆小曼吸食鸦片。陆小曼自知鸦片伤身，一旦上瘾，很难戒掉。可每当病痛来袭，则无法自控，渐渐地，阿芙蓉成为她生命中不可缺少之物。如食茶饭，一日都不可少。

陆小曼为自己装帧好安静宽敞的吸烟室，精致的烟榻，景泰蓝烟枪，一旦吸起来，烟雾萦绕，恍若入了仙境。有时几位瘾君子相伴，共躺一张榻上，云雾缠绵，吸得忘乎所以。陆小曼就是这样，张扬又颓废，荒唐又寂灭。她时常在烟雾中，忘记自己是何人，今夕又是何世。

“我是多愁善病的人，患有心脏病和严重的神经衰弱，一天总有小半天或大半天不舒服，不是这里痛，就是那里痒，有时竟会昏迷过去，不省人事。喝人参汤，没有用，吃补品，没有用。瑞午劝我吸几口鸦片烟，说来真神奇，吸上几口就精神抖擞，百病全消。”

这一吸，就是二十年，半生烟云，不能消散。上海于陆小曼有着无休止的诱惑，让她迷离，让她痴怨，让她风光明媚，也让她千疮百孔。她就是这样无节制地生活，从来不在乎别人的眼目。

据翁瑞午的长女翁香光说：“陆小曼不吃牛奶，爱吃人奶，说是人奶非常有营养。那时蜂蜜比较贵，可是陆小曼家里总是买很多，你猜她作何用？只因吃鸦片的人，肠胃不好，容易便秘。陆小曼就请人将蜂蜜放入针筒，注入体内，让肠胃蠕动。陆小曼吃了鸦片后，鼻子下面就出现两道黑黑的印痕很难看。她就用一板嫩豆腐来揉擦，过一会儿就将黑黑的两道印痕擦掉了，然后再涂上蛋清，最后再用化妆品，画上淡赭色的眉毛，而不用黑色的眉笔。”

陆小曼对翁香光说："这样才显得自然，而且看上去很温柔。"她爱阿芙蓉，也珍爱自己。试问世间哪个女子，不在乎自己的容颜，不惧怕青春无情流逝？可叹流光催人，没有谁可以同时间相争，看着镜中的自己，一天天老去，也只是爱莫能助。

因为阿芙蓉，陆小曼后来神色萎靡，牙齿掉光，鬓发生雪，她却始终追寻自然，不肯修饰。尽管如此，中晚年的陆小曼还是风采依旧，韵味不减当年。她还是那么美，那么风月无边，那么让人不敢逼视。

第十八章　镜里红颜

晴耕雨读，折梅赏雪。焚香煮茗，抚琴观云。日子如此缓慢悠闲，波澜不惊。果真是天下之事，自有天下人去打理，何须自己去操心。每个人只要守住内心的宁静，又如何会轻易被外界干扰，被流光的碎片割伤。

“愿得一心人，白首不分离。”“桐花万里路，连朝不语息。”美好的爱情，原该如此，守一个人，一颗心，安稳度日，清白到老。只是又有多少人，守得住漫长的寂寞，经得起细碎的流年。能够做到一生只爱一个人，与一个人相陪，直至地老天荒。

徐志摩爱陆小曼，一生痴于文字，信守情感，他的世界除了诗，就是爱情。胡适曾说过：“徐志摩追求的是爱、自由和美。”他是个单纯而浪漫的诗人，他追求爱情的华美，纯净，以及甜蜜。他钟情过许多美好的女子，林徽因、凌叔华、陆小曼、韩湘眉。

尽管后来陆小曼成了他的妻子，徐志摩对林徽因和凌叔华始终念念难舍，无法忘情。

徐志摩和陆小曼有太多的相似之处，又有太多的隔阂。他们都有着正直的人品，极好的涵养，对朋友宽厚热忱，他们一生向往自由，敢爱敢恨。他们又有许多不同之处，徐志摩固然也爱社交，但他更热衷于清谈，喜欢于安静的场所找寻灵感，不喜欢喧闹无趣的应酬。陆小曼则不惧熙攘的人流，慵懒放纵，痴迷奢华的生活。

徐志摩长情也多情，他的爱似江南三月的烟雨，迷蒙缠绵。又像流火的七月，恨不能所爱之人与他捆绑在一处，燃烧成灰。有人说，他此生最难忘怀的还是那场康桥之恋，忘不了人间四月的林徽因。当年林徽因与他郎情妾意时，骤然转身，将他一个人抛弃在伦敦那场烟雨里，久久不能醒转。

陆小曼的出现，让徐志摩感恩命运的慈悲，重新燃起了内心即将幻灭的爱情。陆小曼不同于林徽因，懂得取舍，知晓轻重，明白聚离。无论林徽因有多爱徐志摩，但她不舍抛掷名义，始终守护清规，和梁思成做一对平凡的人间眷侣。但陆小曼则愿意为徐志摩义无反顾，割弃王赓，哪怕与世界为敌，在所不惜。

徐志摩与陆小曼爱得浓烈，执着：林徽因则爱得清醒，透彻。陆小曼为了徐志摩，舍弃了太多，从无悔意，但她心灵深处，对自由的向往，亦不曾消减。林徽因依旧是徐志摩此生的红颜知己，

翠峰冥色图

她安然于徐志摩内心某个洁净的角落，无人取代，连同陆小曼，亦不能。

和陆小曼婚后，徐志摩与林徽因书信来往不断，每次回北平，也要找机会去林徽因家里长坐，有时小住几日，一起品茶论诗。林徽因体弱养病，徐志摩也是百般体贴，亲身照顾。就连最后飞机失事的那次，也是匆匆赶去听林徽因的讲座。徐志摩死后，林徽因捡回一块飞机残骸，摆放于自己的案头，直至她离逝。

有一种爱，不能长相厮守，却用一生的时光来怀念深藏。徐志摩与林徽因的爱就是如此，他们缘浅又缘深，情短亦情长，林徽因是徐志摩的床前明月光，对影相看，不敢忘，不能忘。也是徐志摩此生未了的梦，是永远不可弥补的缺憾。

世上唯情债难偿，若说相欠，林徽因真的欠徐志摩的吗？陆小曼又是否欠翁瑞午？人生有情，人生亦有憾，谁不愿此生只厮守一人，看春暖花开，细水长流。缘分弄人，你安分守己地度日，却会平白无故遭遇许多预测不到的相聚和离别。

身为女子，陆小曼一生钟情徐志摩，又怎会没有醋意。尽管徐志摩对她痴心宠爱，迁就纵容，但她始终还是会忧心。尤其在她染上烟瘾，不能自控，渐渐失去往日的灵性和风华时，她的心更加敏感。甚至因为害怕徐志摩拿她和林徽因做比较，心底时常生出落寞和悲伤。

陆小曼觉得徐志摩心中始终有一个圣洁的角落，居住着林徽因。这个角落，她进不去，更无法占为己有。她觉得他把最真实，最美好，最纯粹的爱给了林徽因。她虽知道徐志摩是爱自己的，却到底不及对林徽因和凌叔华的那般情。每当午夜梦回，寂寥无助时，陆小曼想起亦会心酸。

凌叔华也是徐志摩的红颜，他曾将一只藏有记载他和林徽因、陆小曼关系的日记及书稿的“八宝箱”交给凌叔华保管，可见他对凌叔华的信任。后来，凌叔华和陆小曼成为好友，她们之间有着许多相似之处，凌叔华欣赏陆小曼的勇敢和气度。陆小曼做了许多女人不敢做的事，她活得纯粹而彻底。

当初徐志摩和陆小曼相爱，新月社的文友亦时常拿陆小曼和林徽因相比。尽管她们都属绝代佳人，但文字的修养，以及处世的品格，他们始终认为陆小曼不及林徽因。陆小曼为随性傲慢之人，她热衷于社交和唱戏，就连绘画的造诣也是在徐志摩丧生之后，方才修炼，有所成就。

因了陆小曼的贪玩、纵意，许多人对她生了错觉和误解。在他们眼里，陆小曼就是上海滩舞场的交际花，不顾名节，丢失真性。陆小曼本就是个心高气傲的女子，希望享受世间女子不容易享受的荣华功贵，可结果却适得其反。

“我是在矛盾中生活，也是在痛苦中生活。”她其实并不快乐，一个女人最重要的是被自己爱的男子尊重和爱护，被他的家人和

献寿图（1948）

朋友接纳和欢喜。徐志摩爱陆小曼，可到后来，看到陆小曼不听人劝，整日沉迷于戏曲鸦片，醉生梦死，也生出怨叹。她挥霍无度，令他整日费尽心思，为银钱奔波疲惫，心中又怎么不生厌烦。

陆小曼到底委屈，徐申如寿诞，她不能参加。徐志摩母亲生病，陆小曼不能探望，死后陆小曼着素服吊唁，又被拒之门外，百般屈辱。她为了和徐志摩死生相共，受尽外界的谴责、谩骂、嘲弄和讥讽。为了徐志摩，她默默忍受，独自咽下，无有怨悔。

她一直想要追求幸福，愿有如心伴侣，安乐家庭，可总是事与愿违。她舍弃一切，甘受骂名，不惜打掉自己的孩子，只为和爱人执手风雨。可现实的生活，又给了她什么？她得到了以死相争的爱情，幸福却也只是梦幻泡影，转瞬即逝。就连她唯一得到的男人，亦只是拥有了短短几载光阴，就被命运无情地夺去。她一生失去太多，得到的，不过那么一点点而已。

是，陆小曼喜欢享受，世间名利富贵她都爱。可是她更重情义，如若她仅仅贪慕富贵，就不会离弃王赓，放下军官太太不做，和徐志摩这个穷文人相守。如果她惜金如命，就不会在徐志摩死后，不去力争徐家属于她的那份家产。如果她只图安逸享乐，就不会让自己下半生万念俱灰，落魄潦倒。

她贪玩，结交天下朋友，却从没有对不住徐志摩。她花钱无节制，和异性朋友多有结缘，却始终保持距离。徐志摩死后，她不过二十八岁，那时的她，风华当时，她毅然拒绝所有的追求者。就连一直对她痴情照顾的翁瑞午也不例外，直到三十六岁之龄，方与他同居，并且约定好不许他抛弃发妻。

于我心里，陆小曼是一个有气节、重情重义的女子。她不忍对世人薄情，最后却伤了自己。茫茫众生，纷纷芸芸，爱恨贪嗔为人之本性，回首前尘，所得所失，亦只是草草了之。浩浩荡荡的天下世界，像大雪过后一样洁白无瑕，什么也看不见，什么也没有发生过。

第十九章　风的方向

金刚经云："一切有为法，如梦幻泡影。如露亦如电，应作如是观。"人生一世，太多的争执不舍，其实，得到的未必是你想要的，失去的却也是你曾经拥有过的。你所经历的尘劫灾难，只是必经的过程，后来才发觉什么烦扰和哀乐都没有。

岁月原本相安无事，是我们频添扰乱，生出太多的故事和无奈。你一路背着沉重的包袱前行，过尽爱恨情怨，万般放不下，到最后却连一片流云，一粒尘埃都带不走。珍惜当下，拥有彼此，是对薄凉光阴，最深情的报答。

陆小曼看似洒脱风情，肆无忌惮，却有着许多打不开的心结。"天不老，情难绝。心似双丝网，中有千千结。"她每日忙于社交，忠于戏曲，醉身鸦片，却并非没心没肺。她的心亦有安静的时刻，亦有怅惘和迷离。

想当初，陆小曼和徐志摩的爱情闹得风风雨雨，众所周知。后来有情人终成眷属，过往哀鸿遍野，恍如前生。他们的爱情，慢慢地被岁月接纳，与世俗妥协，成了民国世界里的飞花片影。

婚后的陆小曼，看似风光明媚，住洋房，家佣簇拥，众星捧月，内心却苦闷不堪，不得释怀。她曾对王映霞说："按说，婚后生活应该过得比过去甜蜜而幸福，实则不然，结婚成了爱情的坟墓。志摩是浪漫诗人，他所憧憬的爱，是虚无缥缈的爱，最好永远处于可望不可及的境地。一旦与心爱的女人结了婚，幻想泯灭了，热情没有了，生活便成了白开水，淡而无味。志摩对我不但没有过去那么好，而且干预我的生活，叫我不要打牌，不要抽鸦片，管头管脚，我过不了这样拘束的生活。我是笼中的小鸟，我要飞，飞向郁郁苍苍的树林，自由自在。"

可见，陆小曼和徐志摩实则有着相同的性情，他们都向往爱和自由，倘若不是有当初的执着，也不会有今时的束缚。恋爱是自由的，爱的时候，可以不尽甜言蜜语，许下诸多承诺。因为未来渺茫如风，没有谁可以预测是否有一天真的可以执手永远。而婚姻则是对两个人命运的捆绑，他们在一起朝暮相处，同食同住，有太多的叠合和牵连。

他们之间已经无须承诺，却有着无法推卸的责任和义务。久而久之，成了一种负担、累赘，甚至债约。她不愿做一只囚鸟，不能忍受丝毫的干扰和管束。他亦希望自己是一缕自在的风，不因她的颓废，她的荒芜，而汲汲奔走，碌碌难脱。

小曼陸眉

林徽因是徐志摩无法企及的梦，也是陆小曼心中解不开的结。在陆小曼的心里，始终觉得徐志摩对她的爱不及对林徽因那般痴心，那般澄澈。他的爱如诗，缥缈虚幻，绚烂多姿，经不起现实的消磨。他们都不能把白开水，喝成一种美丽，不能忍受，索然无味的日子。

陆小曼也是矛盾的，她自知徐志摩喜爱她的本性天然，却频频让自己陷入无休无止的物欲中，难以自拔。她何曾不想做回那个有灵性，重修养，落落大方的名门闺秀，可她受不起上海繁华的诱惑，抵抗不了阿芙蓉带给她飘飘欲仙的快感。

徐志摩也着实委屈，从一个不为金钱烦恼的富家公子，成了一个整日为钱奔忙的凡夫。他不喜一身铜臭，却因为爱情落入红尘的染缸，与钱纠缠不清。为了陆小曼没完没了的挥霍，他不得不承担起一个男人的责任。为了她昂贵的享乐，他放下骄傲的尊严，他的隐忍亦是世间诸多男子所无法相及的。

纵然这样低落尘埃，陆小曼还是不满足，不肯为他有丝毫的节约。她素手执掌风云，笑看人间恩怨，不依不饶地过着自己想要的日子。徐志摩的话，她半句也听不进去，每日忙于社交，遭强盗抢了似的。她就是这样的不安分，不认输，不知死活。

“前三年你初沾上恶习的时候，我心里不知有几百个早晚，象有蟹在横爬，不提多难受。但因你身体太坏，竟连话都不能说，我又是好面子，要做西式绅士的，所以至多只是短时间绷张一个脸，一切都忧在心里……招惹了不少浮言，我亦未尝不私自难受，但实因爱你太深，不惜处处顺着你……”

当陆小曼和诸多男子轻歌曼舞，谈笑风生时，当她和翁瑞午斜躺在烟榻上，烟雾传情，忘乎所以时，徐志摩又怎会不在乎，不生醋意。可为了爱，只好容忍她的种种作为，任凭浮言乱飞，他只把痛搁在心底。纵有委屈，又能如何，当初他不顾一切为了得到陆小曼，今日所有的遭遇，必定抵死承担。

陆小曼仗着徐志摩的宠爱和忍耐，依旧无法无天，有些路，一旦选择了，想要回头太难，亦太迟。她也只是贪玩，并不曾因此而犯下无法弥补的滔天大错。她自傲自卑，自爱又自伤地活着，她多希望自己是徐志摩心中那块无瑕美玉，一生被爱护，免流离，被珍藏。又多想彻头彻尾做一个俗世女子，放纵不羁，洒脱如流。

徐志摩亦曾委婉劝过：“凡事总得有个节制，不可太任性。你年近三十，究不是个孩子。以后更当谨慎为是。目前你说你立志要学好一门画，再见从前飘逸。这是你的傲气地方，我也懂得。”

可她不听劝告，每日睡到午后，起来打扮一番，铺纸研墨，寥寥几笔，便打发过去。而后跳舞打牌，抽烟唱曲，把时光匆匆送走。陆小曼有极高的绘画造诣，加之灵气逼人，悟性了得，她的传世画作皆是在徐志摩失事之后的岁月所作。与徐志摩相处的时光，连社交都顾不了，如何可以静心去描摹漫漫山河，一草一木。

相爱容易相守难，动情容易守情难。他们之间慢慢有了矛盾，有了隔阂，生了疏离。如此并不意味他们不爱彼此，而是太在乎对方。一个习惯了在梦里美好生活的人，突然被迫回到残忍的现实中，难免黯然神伤。而一个我行我素、自由散漫的人，要试着接受与另一个人相坐相看，亦是强人所难。

他们都没有错，毕竟是两个陌生的灵魂，因为爱慕走至一起，他们需要时间来宽容和理解。为了美丽的爱情，他们愿意为彼此付出，相信总有一天可以握手言和，相依为命。只要真心相爱，任何的矛盾、疏离，甚至是错误，都可以诠释、消解。

但此时此刻，他们各自怅然失所，孤独伤神。阿芙蓉是陆小曼的良药，不仅可以医病，还可以医治她内心那些深深遮掩的伤口。徐志摩的良药，唯有诗歌。诗歌一如知己红颜，可以抚平他的伤口，填补他的缺憾，慰藉他的灵魂。纵是迷惘踌躇，亦是诗意温柔的。

我不知道风
是在哪一个方向吹——
我是在梦中，
在梦的轻波里依洄。
我不知道风
是在哪一个方向吹——
我是在梦中，
她的温存，我的迷醉。

手如柔荑，肤如凝脂，领如蝤蛴，齿如瓠犀，螓首蛾眉，巧笑倩兮，美目盼兮。
庚辰（1940）春月小曼陆眉于曼庐。

我不知道风
是在哪一个方向吹——
我是在梦中，
甜美是梦里的光辉。
我不知道风
是在哪一个方向吹——
我是在梦中，
她的负心，我的伤悲。

我不知道风
是在哪一个方向吹——
我是在梦中，
在梦的悲哀里心碎！
我不知道风
是在哪一个方向吹——
我是在梦中，
黯淡是梦里的光辉。

——徐志摩《我不知道风是在哪一个方向吹》

第二十章　天南地北

曾几何时，我们历尽暮雪千山，浩荡人世，只为了找寻生命最终的归宿。可真的停下匆匆步履，尝历世味，又觉得事与愿违。此刻，他是凡尘一缕飘忽无寄的风，需要停留在某个适宜的地方，让岁月温柔相待。而她是那只看倦了风物的鸥鸟，只想画地为牢，至死不离。

徐志摩辞去上海和南京的教职，应胡适之邀，任北京大学教授，兼北京女子师范大学教授。在上海几年碌碌蹉跎，尘劳满鬓，况且他和陆小曼之间相争得愈发频繁。他希望换一处环境，择一段风景，更改当前的局面，缓解彼此的执着。

上海这座城市，缺少一片纯净的天空，他需要脱胎换骨，他的事业，连同他的感情。他极力相劝陆小曼陪他北上，构思了未来美好的图景。可陆小曼这只倦鸟，早已习惯了夜上海腐朽的生活，再也无心接受命运的迁徙，亦对北京的风土人情，没有丝毫的留恋。

陆小曼病体娇弱，自从吸食阿芙蓉，非但没有好转，反而每日更加倦倦懒懒，无暇顾及一切。她每日病痛发作，需要翁瑞午按摩推拿，需要阿芙蓉滋养。以陆小曼那时的状态，她根本离不开上海滩，离不开翁瑞午，更离不了阿芙蓉。

这一年，陆小曼二十七岁。父亲陆定因晚年事业不顺，家里诸多矛盾，故整日郁郁寡欢，因病辞世。至亲的离去，让陆小曼万分悲痛，她自小受父亲教养，恩深似海。原本病弱的身子，更不堪重负。加之徐志摩决意要去北京，她亦强留不得，只好躲在自己的烟榻上，寻求解脱。

其实，陆小曼始终不肯北上，还有另一缘由。北京城里住着一个才貌双全的林徽因，这位绝代佳人，自始至终都是陆小曼的情敌，是她解不开的心结。徐志摩红粉知己无数，逢场作戏的多，可对林徽因，初心不改。她不仅美艳绝伦，更才识出众，她的存在，于无形中给陆小曼带来莫大的隐患。

任凭陆小曼多么清高自负，可如今她在上海滩的奢靡堕落，也是人尽皆知。过往她在世人心中，已然比不过林徽因，当下更有天渊之别。徐志摩和别的女子交往，陆小曼可以不管不顾，唯独林徽因，她不答应。

摹湘碧仿萧照本
癸未（1943）七月小曼陆眉于海上

徐志摩口头应允不与林徽因多生瓜葛，实则对她始终关爱备至。稍有闲暇，便要去她家中探看，倾心闲聊。林徽因去香山养病，他亦是焦虑忧心，亲自伺候。就连张幼仪也曾说过，林徽因已经嫁给梁思成，徐志摩还是爱衷难改，旧情不忘。

但徐志摩到底顾念家里，深爱陆小曼，无数次规劝她能够舍弃上海，同来北京。“你能明白我的苦衷，放我北来，不为浮言所惑，亦使我对你益加敬爱。但你来信总不肯舍去南方。”

相思磨人，徐志摩为多陪陆小曼，仅在1931年的上半年，他在北京和上海两地来回奔波八次。因车旅费昂贵，徐志摩坐免费的邮政班机。陆小曼听闻他时常坐飞机往返，心中不安，但徐志摩为了省俭钱财，不听劝阻。他认为欧亚航空极为稳定，实在不必过虑。

当徐志摩在北京疲于奔命，只为挣取更多的银钱供陆小曼挥霍时，陆小曼还是那样不知好歹，每日躺在烟榻上，和翁瑞午吞吐烟霞。有时神清气爽，还与他相邀去杭州西湖游玩，共赏湖光山色，看锦绣如织的人间。

她贪吃贪玩，徐志摩说她从起身到上床，至合眼，都是吃。她想芒果或是外国白果，胜过于想徐志摩。那时的徐志摩，唯一的用处则是做工赚钱。她迷恋于烟酒之中，不知今夕何夕，就连徐志摩的生日也抛掷九霄云外。

“你真的不知道我曾经怎样渴望和你两人并肩散一次步，或同去吃一餐饭，或同看一次电影，也叫别人看了羡慕。但说也奇怪，我守了几年，竟然守不着一单个的机会。”

陆小曼太忙了，光阴如飞，她且作乐尚来不及，如何有闲情静了心陪他去散步赏月？她每日忙于交际，打牌唱戏，生病抽烟，连人生最后一点美好的追求都遗忘，连最珍爱的画作都慵懒疏散。那些执手相看，伏案写诗的日子，早已散作烟尘，今生亦不复重见。

徐志摩始终苦心相劝：“可惜你左右无精神振爽之良伴，你即有志，亦易于奄奄蹉跎。同时时日不带，光阴飞谢，实至可怕。你真能提起勇气，不懈怠，不间断的作曲，不患不成名。但此时只顾培养功力，切不可容丝毫骄矜。”

陆小曼蕙质兰心，才情高雅，况且性情天然，倘若她将心事付于字画，必定是大有作为。可那时连至死追随的爱情都可以搁置，何况世间虚名浮利。像陆小曼这样的女子，今生只愿顺从自己的心，任何与心相违之事，都不妥协。

可是这善变的世界，纷乱的人生，又岂会轻易让你做主。任何的透支，有一日都要如数偿还，爱与不爱，恨与不恨，都需要付出代价。你今朝种下的因，则是明日的果。后来，陆小曼到底为自己的任性妄为，受到命运的惩罚。

她万万想不到，一场突如其来的意外，会将她从烟雾萦绕的睡梦中彻底惊醒。恩爱夫妻，不过匆匆几载光景，竟成永诀。人生或许都如此，唯有失去，方知晓过往种种，皆值得好好珍惜。哪怕彼此间一个无意的眼神，一个清淡的微笑，一句平实的话语，都如珍如宝。

那时的徐志摩，暂居胡适家中，胡家对他生活起居，很是照顾，但毕竟寄人篱下，夫妻分离。“人家都是团圆了。叔华已得了通伯，徽音亦有了思成，别的人更不必说常年常日不分离的。就是你我，一南一北。你说是我甘愿离南，我只说是你不肯随我北来。结果大家都不得痛快。”

他倦了奔波，倦了等待，倦了这没完没了的离分。他渴望平实的烟火幸福，哪怕相坐一处，淡饭粗茶，不必嘘寒问暖，只要她莞尔一笑，胜过万语千言。这就是人生的代价，倘若他不执着于爱情，张幼仪可以给得起他平淡的一生一世，给得起他白首不分离。

陆小曼给不了。她的人生不肯依附在任何人身上，包括她此生至爱过的男子，她也不愿低头。非她傲娇，所有的一切，皆为她天性使然，她就是这样一个贪图安逸享乐的女子，她偏生要将自己放飞在风口浪尖，活得痛快淋漓。

她不爱富贵金钱，不懂经济支配，却每日花钱无度。徐志摩除了为天南地北的相思而痛苦不安，还要为金钱焦躁烦忧。“钱的问

倚栏思春　戊子（1948）作

题，我是焦急得睡不着。我自阳历三月起，自用不算，路费等等不算，单久付银行及你的家用，已有二千零五十元。眉，你如能真心帮我，应得替我想法子，我反正如果有余钱，也决不自存。我靠薪水度日，当然梦想不到积钱，唯一希冀即是少债。”

一钱看势利，半纸薄人情。一个高洁自傲的文人，最忌讳熏染铜臭。可徐志摩自从娶了陆小曼，他就一直在为钱奔走于世，受尽人海沉波，众生冷眼。那些纷纷攘攘，无休无止的金额，最后因为徐志摩的离去，烟飞云散。

看似悠长得没尽头的日子，看似纷乱得扯不开的愁怨，看似绵绵得无绝期的思念，就在某一个寻常的风日，突然消失殆尽。

一切来得太快，一切似有安排，一切已成定局。

第二十一章　幻作烟云

岁月无心，人间有恨。这是一个婆娑的世界，婆娑即遗憾，即残缺。有了缺憾的故事，才耐人寻味。尘海滔滔，洗不尽人间恩怨，定不了世事消长。可这世间分明没有什么不可替代，亦没有什么不能放下。

任凭你有多少牵挂，离去的那一瞬，终究放下。他们之间的恩怨情爱没有人能说得清，他们亦只是世间一对平凡的夫妇，有恩爱，有争吵，有缠绵，亦有疏离。她也不过是比寻常女人多了一些骄纵和散漫，多了一点任性和贪玩。又到底犯下怎样的过错，要承受那般深重的惩罚。

或许是徐志摩再也无力承担这份爱，又或许是上苍让陆小曼早些清醒。此番大劫让她痛彻心肺，面对生离死别，人是那么渺小，微不足道。此刻你看着高贵尊严的生命，转瞬卑贱如蝼蚁。

“你何以如此固执，忍心和我分离两地？上半年去频频，又遭大故，倒还不觉得如何。这次可不同，如果我现在不回，到年假尚有两个多月。虽然光阴易逝，我们恩爱夫妻，是否有此分离之必要？眉，你到哪天才肯听从我的主张？我一人在此，处处觉得不合适，你又不肯来，我又为责任所羁。”

那时间，徐志摩依旧无休止地给陆小曼写信，希望有一天她会听他劝阻，陪他北上，一同泛舟湖上，共采红叶写相思。当初相爱时，为了能够在一起相处，哪怕一盏茶的时光，亦视若永恒。可如今，他们可以过上寻常夫妻，寻常两人的日子，却甘愿忍受漫长的别离。

他们之间本没有矛盾，只不过生活方式有所偏离，成了如今这般模样，弄到无可收拾的地步。他像一只大雁，往返于南北迁徙，纷飞。她疲于烟榻上，视人生为一出戏，翻来覆去地演绎重复的过程，不问结局。

“明天我叫图南汇给你二百元家用，但千万不要到手就宽，我们的穷运还没有到底，自己再不小心，更不堪设想。我如有不花钱飞机坐，立即回去。”在死之前，他还是那么狼狈，为了钱心力交瘁，全然丢弃往日富家公子的尊贵，亦失去了落落文人的风采。

他本有万贯家财可以挥霍，本可以成日邀上三五知己，品茶闲游，安逸写诗。为了爱情，他奔命红尘陌上，连赏阅春花秋月的

黄山松阁（1956）

心情亦没有。他在写给爱妻的信上说，秋风凄冷，秋月光明，更使游子思念家庭。又因为归思已动，更觉百无聊赖，独自惆怅。遥想闺中，当亦同此情景。

其实徐志摩心中比谁都明白，陆小曼的闺中状况。无非是和翁瑞午，每日不顾朝夕躺于榻上，吞吐烟霞，梦幻中不知真假。烟瘾重时，她素日喜爱的戏曲、绘画、打牌、交际都可以搁下，只陷于迷幻世界，不顾死生。

她没有死，徐志摩死了。当他一路风尘赶回上海，她依旧颓废在烟榻上，彼此间早已没有久别重逢的喜悦。过往的恩情，竟不知在何时被岁月消磨殆尽，余下的则是彼此间的争吵厌烦。她早已丢失了那颗明净的初心，而他也倦怠了热情。

据说那一次他们争吵得很激烈，争到怒处，陆小曼听不进劝，大发脾气，随手把烟枪往徐志摩脸上掷去，志摩避开，幸未击中，金丝眼镜掉于地上，玻璃碎了。可翁瑞午的女儿翁香光说，陆小曼性情颇为温柔，和徐志摩争执是真，用烟枪打徐志摩眼镜之事，不过传闻，况陆小曼对徐志摩生活起居一向不干涉。

徐志摩带着悲伤离开上海，去了南京。到张歆海和韩湘眉家中，几位好友互诉衷肠。“对酒当歌，人生几何？譬如朝露，去日苦多。”本是浪漫诗人，何以窘迫至今日，但他不会因为与爱妻的争吵，而心灰意冷。他的人生，还有诗歌，还有不离不舍的爱情。

原本打算乘坐张学良的飞机回北京，临行前，却接到通知说因事改期。为了赶上林徽因次日在北京一场关于古代建筑艺术的演讲，他不作停留，匆匆搭乘了一架邮政飞机。徐志摩那日临登机之前，尚给陆小曼发了一封短信：“徐州有大雾，头痛不想走了，准备返沪。”

可他为了兑现和林徽因的约定，还是选择乘机北上。他再也没能返回上海，他失信于陆小曼。飞机于1931年19日中午12时30分在济南南郊党家庄附近触山爆炸，坠入山谷，机上连徐志摩共三人，无一生还。这一场人间悲剧，在无声中悄然发生，将活着的人伤得无以复加。

是死神的召唤，让徐志摩毅然登上那座亡命的飞机。还是林徽因的等待，让他甘愿为了爱倾付所有。还是他以决绝的方式，来惊醒醉生梦死的陆小曼。又或者，没有任何的缘由。只因他有一个笔名叫作云中鹤，他终将幻化为云，乘鹤飞去。

“轻轻的我走了，正如我轻轻的来；我轻轻地招手，作别西天的云彩……”初读这首诗，有一种清风流云的飘逸和洒脱，再读时，有一种与世决然的破碎和悲凉。时光恍惚，一梦经年。这红尘乱世，原本就没有真正的安身之所，不过如云彩一般，来来去去，淡淡送离。

他的诗歌，似纷纷絮雪，覆盖了茫茫山河。而他的躯体，早已化作烟尘，无处可循。他这一走，只是挥一挥衣袖，却将无尽的悔

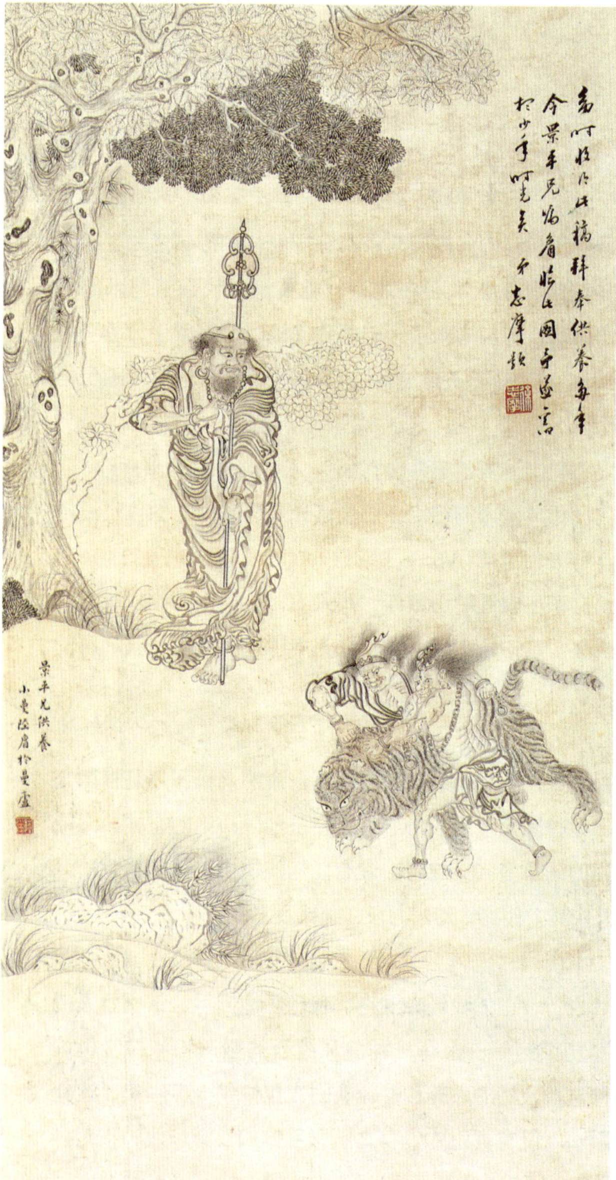

达摩画像，旁有徐志摩题字。

恨、痛苦、遗憾以及怀念，留给爱过他的女人。

林徽因闻此噩耗，当时昏厥过去，多年来，她假装若无其事的爱，在瞬间瓦解。而陆小曼的世界，更是天崩地裂。还有一直被忽略怠慢的张幼仪，亦是痛彻心扉。是爱，是怨，是不舍，是无奈，总之所有的一切，皆随风飘散。

人生当真只是午后到黄昏的距离，茶凉言尽，月上柳梢。徐志摩说过，他这一辈子，有过一春，不曾虚度。是的，他这辈子，何曾虚度，拥有过林徽因，得到了陆小曼，就连张幼仪，亦用了大半生的时光，为他活着。为他父母尽孝，为他平凡生养，为他默默相守。

这世间，除了生死，别无他事。只是拥有着可贵的生命，又不知如何珍惜，该如何把人间的快乐和痛苦，都当作是岁月的荣宠与恩赐。直到离去的那一刻，方知晓，万般放不下的，苦苦争执的，都是可以迁让和商量的。

他成全了自己，选择做一片洒脱的云，来去无踪，再不寻归处，也不问归时。只把漫无尽头的悲痛，给了寂寥的她。她欠他的债，终要用漫长的余生去偿还。

轻轻的我走了，
正如我轻轻的来；
我轻轻地招手，
作别西天的云彩。

那河畔的金柳，
是夕阳中的新娘，
波光里的艳影，
在我的心头荡漾。

软泥上的青荇，
油油的在水底招摇；
在康河的柔波里，
我甘心做一条水草！

那榆阴下的一潭，
不是清泉，是天上虹
揉碎在浮藻间，
沉淀着彩虹似的梦。

寻梦？撑一支长篙，
向青草更青处漫溯，
满载一船星辉，
在星辉斑斓里放歌。

但我不能放歌,
悄悄是别离的笙箫;
夏虫也为我沉默,
沉默是今晚的康桥!

悄悄的我走了,
正如我悄悄的来;
我挥一挥衣袖,
不带走一片云彩。

——徐志摩《再别康桥》

第二十二章　渺渺离魂

人世悲欢如梦，死生不过一念。他已是寂寞山间的一缕缥缈孤魂，伤心无主，她尚在人间忍受熬煎，悲痛欲绝。他把过往透支的情感，用死亡来偿还。她以后只能靠典当回忆，来仓皇度日。

他是乘鹤仙去，离了这多灾多难的人间。她继续活着，卑微成尘，独自承受劫数。那时的她，不过二十八岁，应当是一个女子，正值显山露水之时。但以后的日子，她再也无心装扮，早早地洗尽铅华，素颜于世，清淡为生。

这世上没有谁能够未卜先知，但大的劫难来临之时，总是有些许预示。陆小曼表妹吴锦曾回忆，陆小曼多次对其说起当时一件奇事。徐志摩坠机的那日中午，悬挂于家中客堂一只镶有徐志摩照片的镜框突然掉下来，相架跌坏，玻璃碎片散落在徐志摩的照片上。陆小曼当时预感此为不祥之兆，瞬时心跳厉害。竟不知次日，南京航空公司的保君健至徐家，带来了志摩丧生的噩耗。

她本佳人，缘何薄命至此。多年来，她以病弱之身活于人世，徐志摩康健之体反倒先她而去。命运何其残忍，让她在没有丝毫防备之时，伤她肺腑。他的离去，带走她于世间最后美丽的幻想，也粉碎了她对爱情的所有热忱。过往的千恩万宠，雨露承欢，转瞬成了前尘旧梦。

王映霞诉说了她当时所见的陆小曼："下午，我换上素色的旗袍，与达夫一起去看小曼，小曼穿一身黑色素服，头上包了一方黑纱，十分疲劳，万分悲伤地半躺在长沙发上。见到我们，挥挥手，就算是招呼了。我们也没有什么话好说，在这场合，说什么安慰的话都是徒劳的。沉默，一阵长时间的沉默。小曼蓬头散发，大概连脸都没有洗，似乎一下子老了好几个年头。"

陆小曼执意要去山东那个小村庄接回徐志摩的遗体，哪怕只是一捧灰土，一粒粉尘。但因病体难持，又受众人劝阻，终究作罢。后来徐志摩的儿子徐积锴前往山东，将他接回，免他流离无归。

陆小曼见到唯一的一件遗物，则是她的一幅山水画长卷。漫漫山河，溪林密布，亭阁房舍，俨然梦境。想起昨日种种，徐志摩多番相劝，希望她不要过于贪图玩乐，收拾心情，精心绘画，假以时日，必定造诣非凡。言犹在耳，人在何处？遗留的山水画，冥冥中好似在昭示什么，陆小曼为此重拾画笔，再不敢懈怠岁月。

观音画像，旁有梁思诚题字。

多少前尘成噩梦，五载哀欢，匆匆永诀，天道复奚论，欲死未能因母老。

万千别恨向谁言，一身愁病，渺渺离魂，人间应不久，遗文编就答君心。

她写挽联，悲痛之情难以言表。万般爱怨，只付诸于寥寥数十字。她不明白为何今生应该受如此处罚，老天何以如此薄她？生离死别算是都尝尽了，这人世还有什么值得她逗留，值得她等候？

爱人离世，应是宿命难违，已经令她痛不欲生。可人世 片浮言，众口纷纷，更令她心冷心寒。徐志摩失事后，他的诸多好友将志摩之死怪罪于陆小曼，为此与她断绝往来，始终不肯原谅她。

孤立无援的陆小曼默默承受红颜祸水的骂名，独自屈辱悲痛地活着。可她真的是祸水吗？当日徐志摩匆匆赶往北京，的确是为了听林徽因的那场讲座。陆小曼曾说：“志摩之死，死于林，死于情者也。”

她如此说，并非推卸责任，亦不是想把罪名强加于林徽因身上。只是阴差阳错，徐志摩偏偏会坐上那趟飞机，赶赴那场约定，了却那段尘缘。即使徐志摩回归上海，陆小曼不与其争吵，温柔相待，他亦还是会走。这过错，不是陆小曼造成，也不该让她一人承担。

他们又觉得，倘若陆小曼陪伴徐志摩北上，夫妻没有长久离分，他亦无须多番往返，遭此劫数。在世人眼中，陆小曼分明就是一个放荡任性的女人，她舍不下上海滩的风花雪月，舍不下翁瑞午的烟榻缠绵，舍不了那一场纷纷乱乱的舞台戏。

陆小曼在《爱眉小札》的序中写过："我在上海受了几月的煎熬就染上一身病，后来的几年中就无日不同药炉做伴。连摩也得不着半点的安慰，至今想来我是最对他不起的。好容易经过各种地医治，我才有了复原的希望，正预备全家再搬回北平重新造起一座乐园时，他就不幸出了意外的遭劫，乘着清风飞到云雾里去了。这一下完了他——也完了我。"

尽管陆小曼始终没有伴随徐志摩去北京，但至少她有此想法。她亦是后悔莫及，亦是愧疚难安。世人又何必将罪名强加在一个柔弱的寡妇身上，让她带着罪孽，负重一生。徐志摩之死，没有谁的疼痛胜过于她，亦没有谁有资格去指责她。

红颜当真祸水吗？徐志摩几番往返欧洲，也算是周游列国，飞机、轮船、车马都乘过，何以独独这次葬身山谷。世事恰是如此巧合，福祸相依的人生，每一日都过得胆战心惊。所谓生死有命，一个人从出生开始，命册上就写好了结局，任谁也更改不了。如同更迭的江山，交替的春秋，皆为人世间亘古不变的轮回。

陆小曼放纵贪玩，却从不招惹别人，更不曾伤害任何人。她心性良善，宽容隐忍，对朋友热情豪气，为何世人如此容不下她。面对外界的纷扰谩骂，她一如从前，默默承担，从不辩解。她不屑去争论什么，亦无须为谁去证实什么，她的世界，如今只剩下她一个主人，就连悲伤，也懒于对人言说。

在我心里，陆小曼是一个有气节，有风骨的女子，只是她太过随性散漫，以至于守不住自己的心。她可以写工整的蝇头小楷，可以描绘天下风光，可以舞尽风华，也可以戏游人间。但她从来不想取悦于谁，也不想周旋于繁芜的世事。她只不过想做真实的自己，在她安逸的洋楼里，快乐嬉戏，于她温软的烟榻上，吞吐云雾。

如此简单不争的女子，何罪之有。她与徐志摩之间的矛盾，皆缘于彼此的性情，倘若没有徐志摩，她独自一人如何能够翻云覆雨。这就是世俗，现实、酷冷、不容你争辩，又无法置之度外，只能与之周旋，弄到伤痕累累。

究竟是陆小曼害了徐志摩，还是徐志摩误了陆小曼。又或许，他们原本就命系一处，因果相关。徐志摩是不幸的，一世风流才高，偏生英年早逝，魂飞魄散。陆小曼亦是不幸的，本是佳人绝色，落得凄冷遗世，悔恨无尽。

他们的人生，是那场令人泪流满面的戏，以悲情的方式终结。若他魂魄有知，定谅解她一生命运悲苦沉浮，佑她余生康健平安。

他不是负气而去，只是挣脱不了死神的牵缚，他们的人生，都太苦了。

她从此断绝红尘，素服一身，闭门谢客，孤独至死。她卧室里悬挂了徐志摩的遗像，并每日摆放鲜花，供养他的魂灵。她说："艳美的鲜花是志摩的，她是永远不会凋谢的，所以我不让鲜花有枯萎的一天。"

她不知，于他心里，她永远是那朵明丽娇艳的花，开在民国世界里，无人可及。纵是那朵高雅圣洁的白莲，与她并肩，亦要低眉。

江南的春梅行将绽放，我心里的那朵梅，不落不谢，一世长安。

梅雨丝丝润，幽花自自开。乍晴香更远，蝴蝶过墙来。录明人诗句，蝴蝶闺友属，小曼陆眉于海上曼庐。

第二十三章　断肠之音

佛经云："人生在世身处荆棘之中，心不动，人不妄动，不动则不伤。如心动则人妄动，伤其身痛其骨，于是体会到世间诸般痛苦。"人在世间行走，被荆棘缠身，此岸抵达彼岸，一溪水的距离，一盏茶的时光，又如何做到不动不伤。

人的一生，不过是悲欢离合，生老病死。每个人，都将以不同的方式去经历，去尝试，直到烟消云散的那一天，才会真正懂得放下。只是，岁月亦会有所偏失，有些人平淡如水，有些人波澜起伏。

徐志摩的一生短若浮云，流于人间的诗文和故事，远比许多人几生几世的还要多。 他自洒然离去，留下陆小曼，在荆棘丛生的世间孤独前行。她清颜素服，上海滩华丽的场所，再不见她曼妙身影。昨日那个风情妖娆的女子，瞬间从欢笑场中抽离，掩门遗世，怅然余生。

她以漫长的篇幅写下《哭摩》，令山河动容，光阴生恨。“你我五年的相聚只是幻影，不怪你忍心去，只怪我无福留，是我太薄命了。十年来受尽于千般的精神痛苦，万样的心灵摧残，直将我这颗心打的破碎得不可收拾了。好在人生的刺激与柔情我也曾尝味，我也曾容忍过了。现在又受到了人生最可怕的死别。从此我再不能知道世间有我的笑声了。”

是的，人生的刺激和柔情她皆尝过。在不认识徐志摩之前，她享受了穷尽人间一切的尊贵荣宠。豆蔻年华便嫁作人妇，虽不知爱为何物，亦也受丈夫承恩，对她千依百顺。后遇见徐志摩，识得爱情滋味，如玉露琼浆，又似断肠药草，镂心蚀骨。

虽历尽劫难，却一直有人执手并肩，不曾孤身犯险。王赓纵有万般不舍，终是从容放手，微笑别离。风雨后的爱情，像洗过一般洁净美丽，他们也曾衣香鬓影，做了一对让人生羡的神仙眷侣。后辗转上海，她更是将世间繁华尝遍，于烟榻上不问前世今生。

他的恩宠，于天地间浩荡悠悠。虽不愿她过于任性，恐丢了从前明媚的心性，却依旧捧于手心，呵护备至。天南地北两地相分，不是为了躲避，也只是为了挣取更多的银钱，供她享乐。彼此间虽有争闹、埋怨，甚至嫌隙、误解，但都是负气的话，过后即忘，岂能当真？

高傲性格不求人，天壤飘零寄此身。谁与登茵谁落溷，愿归黄土破红尘。丙子（1936）三月小曼陆眉。

他的心虽不够纯粹，对初识的恋人，依旧挂牵。却也只是因为曾经沧海难为水，不曾得到的永远是最美的。但他只想维持心中那份美好，珍藏一段回忆，从未有过丝毫的越界。她亦是和别的男子，对戏跳舞，烟榻吞云，他皆不阻拦，彼此间算是相濡以沫，恩爱情长。

“我只叫我的心从此麻木，不再问世界有恋情。人间有欢娱，我早打发我的心，我的灵魂去追随你的左右，像一朵水莲花拥扶着你往白云深处去缭绕，绝不回头偷看尘间的作为。”

许多人都不能相信，曾经风靡于上海交际场的陆小曼，那个玩闹得不知死活的陆小曼，居然会真的彻底放下一切，从此谢客闭门，再不随波逐流。她果真是有气节的女子，她贪玩成性，却一诺千金。任何浮华的色彩，奢侈的豪宴，都不能将她诱惑。这朵夜半的海棠，开在绚烂的枝头，曾经难舍难收，如今只是提前枯萎了。

“我真不明白你我在佛经上是怎样一种因果，既有缘相聚又因何中途分散，难道说这也有一定的定数么？我知道我在尘世间的罪还未满，尚有许多痛苦与罪孽还等着我去忍受。”

缘聚缘散，春耕秋收，皆有定数。佛说因果，并非虚无缥缈的存在，冥冥之中，岁月会用它特有的方式告知一切。她到底佛缘不浅，母亲信佛，自己的生辰又与观音同日。她用前半生的颓靡来换取后半生的清醒，她过往的奢侈戏乐，迷惘怅然，直至后来的沉静寂寥，孤苦凄凉，皆是今生的修行。

这尘世，她当真还有许多罪未满，许多的孽未消。她病体呻吟，转侧床笫，烟瘾缠绵，疼痛如噬。曾经对她千般怜惜，万般迁让的人，已经离散。她虽不再挥霍，衣食住行，却样样离不开银钱。况她四季不离药炉，佣人尚需，而且她的病痛，也无法断绝阿芙蓉。半生锦衣玉食的她，如何受得了这般分文不进的窘迫。

当初结婚时，曾和徐家有约定，徐志摩和陆小曼占得徐家三分之一的财产。如今她落魄无依，唯有请胡适和文伯出面协调。徐申如打心底从未真正承认过陆小曼为徐家人，先前就断绝了他们的金钱，如今他将徐志摩的死全部归结于陆小曼，视她为祸水，对她恨之入骨。经胡适几番协调，方勉强答应每月给陆小曼二百元生活费。

后来，徐申如得知陆小曼和翁瑞午暧昧不清，便毅然中止了这二百元的月供。陆小曼的生活，则由翁瑞午独自承担，变卖字画，甚为窘迫。陆小曼对徐家亦是心灰意冷，他们多年的排挤和漠视，她皆卑微忍受，从不相争。后来，无论生活多么清寒，她再未开口要过徐家半分银钱。就连分配硖石的房产，她亦不去索取。

硖石，这个曾经寄存了她美好梦想的地方，给过她浪漫、欢愉、爱恋的人间乐园。直到1933年清明，她独自一人悄悄去了，为了祭拜她的爱人。也是此生她最后一次来到这座南方小镇，一切物是人非。于她，这座山水灵逸的小镇，从此只是一种陌生的存在，冉无瓜葛。

“肠断人琴感未消，此心久已寄云峤。年来更识荒寒味，写到湖山总寂寥。”湖山有情，草木无心，曾经许下深刻的诺言，终究相负。每个人，都是飘忽不定的尘埃，纵然你有意成全过往，亦经不起命运的徙转流离。

她平生良善待人，不做害人之事，亦无多大过失。她不过是贪图享受，喜欢安逸，向往清闲，却得到这样的惩罚。她只想在她的小小世界里，做她的陆小曼，偏生她的存在，与世难安。他在天上飘荡无依，她于人间荒寒度日，这是他们此生再无法更改的结局。

她给胡适写信，酸楚悲凉之景，令人痛心。她说：“我一定做些惊人的事，叫他在泉下亦笑 笑，才不负他爱我的一片心，只可怜我此便一个人来打天下了。以后寂寞的岁月怕没有些勇气也难以往下过的。这一种惩罚我现在默认了，我一点儿也不怨天，也不恨人，我只是含悲忍痛地自认。”

而她想要做的惊人之事，便是潜心于家中编就徐志摩的遗文，其中包括了信件、日记、诗歌等。她深居简出几十载，病痛缠身，思念爱人，耗费心力，让徐志摩的文稿得以重见天日。徐志摩用了五年的时间，为了她奔波俗世，她则用了后半生的光阴，为他呕心沥血。如果说相欠，谁欠谁更多一些？

多少次，他的魂魄，在月上柳梢后，悄悄潜入窗扉，行至她的榻前。如花美眷，付与似水流年。离开他的怀抱，她再做不了那个倾城女子，只将自己隐藏于墨香里，烟云中。世人轻她，笑她，她自是不答不理。只坚心做凡尘中一个素朴的女子，低眉含笑，春水秋颜。

并蒂盛开图　癸未（1943）中秋作

第二十四章　不负君心

唐人刘禹锡有诗吟："人生几回伤往事，山形依旧枕寒流。"人世几经兴废，唯千年风景悠悠，寻常岁月里，依旧听闻喜鹊鸣叫，春梅消息。民国世界里，多少风流雅士，多少平民百姓，他们共着一个朝代，经受着相同的春秋更迭，江山起落。

匆匆岁序，终须一言一行，一茶一饭的日子来填补。她当属民国世界里，一道别出心裁的风景。她绮丽又素净，风情又简约，出尘又世故。她得到的，失去的，是许多人几辈子都不会遇见的。她终是凡人，当下所经受的不仅是断爱割情的悲痛，还有为世人一生皆离不开的钱财。

陆小曼对胡适信中说："我这种终日困在病魔中的人本无多日偷生，我只盼你能将我一二年内的生活费好好与我安排一下，让我在这个时间将志摩与我未了的心愿做久，留下些不死的东西，不负他爱我之情与朋友盼我之意，我即去天边寻我的摩。只是这二年内我再不能受经济的痛苦了。”

于是，便有了徐申如每月的二百元，可是这个数目只够陆小曼吃药看病请先生吃烟。与人借钱的事，她做不来，变卖首饰一时无主。过往的福报已经如数还给了岁月，余生寥落伶仃。她说，屋子太大了，再无福享受，她的前途黑暗迷茫，此生谁人可以点亮那盏心灯？

她在扇子上作画，于展览会上变卖，十六元至十元一把，只为了添补家用。她可以傲坐云端，也可以低落尘埃。有时觉得她纷似落花，迷人眼目，有时又觉得她清白如一张无字的纸，什么故事也没有。

她说：“志摩时常在家，我常常见着他的，谁说没有鬼，没有灵？他何时来何时去我都知道，他这几天在那里生病，人非常的瘦。我一切都知道，只是我们不能讲话，也不能通信，我相信他能见，他不能来，这也是人生的恨事。”

陆小曼打算丢开一切，静心编写徐志摩的书信、日记。尽管每次碰触与他相关的东西，皆感伤落泪，悲痛难当，但这是她生存于世，唯一可以为他所做之事。她编就他的遗文，以报君心，为了让这悲伤的岁月，得以匆匆过去。

徐志摩生前游历欧洲时，曾将一个箱子托付给凌叔华。笑言：

“倘若不能回来，你得给我写传。”箱中所装的则是徐志摩一些日记、文稿。最为他珍视的则是一本写给林徽因的康桥日记，另一本为陆小曼热恋时所写。她们是他命中注定的红颜，给过彼此刻骨铭心的爱恋。凌叔华亦是他的红颜知己，但记载了林和陆的日记，放在她那最为妥当。

为了徐志摩遗留的日记，林徽因还亲自登门去凌叔华住处索取。凌淑华婉言相拒，后委托胡适方肯交出。受人之托，忠人之事，凌叔华是一个爱憎分明的女子。她欣赏陆小曼胜过了林徽因，她喜欢陆小曼的坦荡随性，活得纯粹彻底，只单一地做自己。林徽因则过于在乎自己的清白，更多了几许婉转柔情。

但林徽因亦有遗憾，徐志摩就是她此生永远无法弥补的遗憾。她之所以想要得到日记，一则是想回味曾经那段美丽的康桥之恋，重温过往的旧梦。更想知道，她在诗人笔下是怎样一个女子，他对她的爱，又是怎样的痴迷。再则林徽因已嫁梁思成，她一生最为珍视的是名誉，她不希望她和徐志摩的过去被公然于世，掀起一场不可收拾的风波。

当初林徽因忍痛舍弃爱情，选择平淡的婚姻，如今更不会容许剧情重演。爱过的心，可以被岁月擦洗干净，只是发生的事，当真可以假装不曾发生吗？这世上，没有谁可以真正活得清白。爱情无罪，谁也不知一生会爱几个人，会经历怎样的人事变更，会发生怎样离奇的故事。

辛卯（1951）夏仲为唐瑛小妹写二乔

“叔华来信将她那里的信送我，我真是万分地感谢她，在此人情浅薄的时间，竟有她这样的热心，叫我无以相对。”凌叔华的友好，让陆小曼感动不已。在这薄凉的人世，锦上添花的人天下有，雪中送炭者世间稀。

陆小曼也曾倾倒众生，被无数人膜拜、追捧，也遭遇过浮言谩骂，尝尽冷暖。得意时她洒然姿态，落落风采，失意时也不悲天悯人，不怨声载道。我喜欢这样的女子，她干净的品格，让人见之羞愧，她不与世相争的个性，令人望尘莫及。她的醒透与豁然，又岂是世间寻常人所能企及。可叹，在世人眼中，她早已是一个堕落俗尘的女子，没有谁愿意拨开迷雾，去见识她优雅的灵性。

“志摩遇难，心碎肠裂，万念俱灰，一病月余，今始初离药炉。近为志摩编排遗稿，及学习书画等事，朝夕埋头于纸墨之间，足不出户者已有数月，几不知槛外为何世矣。”

她收拾起过往的奢侈，省俭度日，携着病体，伏案孤影耕霞。如此断断续续，数十载光阴，她经历漫长的煎熬、苦闷、磨砺，于别人眼中，恍若几个春秋。仿佛徐志摩死后，陆小曼的人生，亦该匆匆了事，再无任何色彩。

陆小曼整理了徐志摩的遗作《秋》、《云游》以及《眉轩锁语》、《爱眉小札》。并为此作序，留给世人许多珍贵的文稿。关于徐志摩写给她的日记，她亦是坦然流于世间。她序中云：

“因为他是单独写给我一人的，其中大半都是温柔细语，不可公开，不过这样流利美艳的文字，单只供我一人享受，似乎有点说不过去，我以为天下凡是美的东西，一定要大家共同享受，才不负他的美，所以我不敢私心，不敢独受。”

陆小曼不是一个懦弱的女子，她有足够的勇气承担一切爱恨情怨。无论世人给她的是赞赏还是诋毁，皆一般心肠，不喜不悲。她的心，早已沉入徐志摩的诗句里，化作诗料，藏于悠悠山巅，滔滔逝水。

岁月流离，山河动荡，令她心有余力不足。“他们只是答应我，一有安定的地方是会出的。我怀着一颗沉重的心回到家里，前途一片渺茫，志摩的全集初度投入了厄运，我的心情也从此浸入了忧愁中。除了与病魔为伴，就是整天在烟云中过着暗灰色的生活。”

关于《徐志摩全集》，算是历尽曲折。陆小曼苦心搜集文稿，希望在未死前看到徐志摩的作品出版，永远地在世界上流传下去。以此慰藉他的亡灵，亦不负他一生心血。可谁料八年抗战，又病魔缠身，令他的书稿一直拖延。战争结束，又几经遗失，几度奔走寻找，方重觅佳音。《徐志摩全集》最终得以问世，让人对这个柔弱女子，终生敬畏之心。

“世间安得双全法，不负如来不负卿。”凡尘中多少荣华功贵，都灿若昙花，稍纵即逝，唯情爱得以永恒。看似薄情的陆小曼，

梅石双噙

用一生的深情，报答徐志摩的几载恩宠。她心若明月，情比金坚，她无愧志摩，无愧天地。

徐志摩这一生，真正的快乐，便是于恋爱中，于诗歌里。陆小曼说："志摩平生最崇拜英国的雪莱，尤其奇怪的是他一天到晚羡慕他覆舟的死况。"他说："我希望我将来能得到他那样刹那的解脱，让后世人谈起就寄予无限的同情与悲悯。"

他做到了，让刹那成为永恒。他在不经意间结束了自己，亦断送了陆小曼。此后她的人生失去了欢声笑语，似寥廓群山，寂静无言。

第二十五章　相伴长情

我们一次又一次经历流年徙转，无论悲欢离合，皆是幸运的。至少我们存在于世间，吃着粗茶淡饭，安享平静欢喜。人的一生，应当是喜忧相抵，圆缺各半。有些人提前匆匆枯萎，有些人缓慢老去。

“他不幸出了意外的遭劫，乘着清风飞到云雾里去了。这一下完了他——也完了我。”徐志摩仓促地离去，是陆小曼劫难的开始。他结束了自己，亦结束了陆小曼，她的人生，未老先衰，心死寂灭。

拖着病体残身，只为完成他的遗愿，纵是悲剧人生，亦要支撑着走完。徐志摩的去世，陆小曼曾一蹶不振，终日惶惶，泪湿衣襟。她从云端之上跌落，回到残酷的世俗中，过往不问烟火的贵妇，如今为柴米油盐忧心。

人情淡薄，那些锦衣玉食，繁花相赠的日子，一去不复返。她的身边，还有一位不离不弃的翁瑞午，他的存在，当是她此生最大的福报。尽管她对他并无爱情，但唯有依附他，才可以活下去。她已经穷无所归，病骨嶙峋，翁瑞午日夜在她病榻前，端茶问水，痴心一片。

初时翁瑞午于江南造船厂当会计处处长，收入丰厚。但家里尚有结发妻子和五个子女供养，加之陆小曼学作画，看病、买药，以及家用，始终入不敷出。他唯有不断变卖家中所藏的书画古玩，才能勉强维持。后来得了肺病，在家休养，生活就愈发地拮据。

徐志摩死后，翁瑞午对陆小曼这位红颜知己，始终关怀体贴，和颜悦色。她半解罗襦，他妙手摩挲，他们芙蓉对枕，吐雾吞云。这样相依相伴，之间的情意，又岂是外人眼中的苟且偷欢？

陆小曼说："我与翁最初绝无苟且瓜葛，后来志摩坠机死，我伤心之极，身体大坏。尽管确有许多追求者，也有许多人劝我改嫁，我都不愿，就因我始终深爱志摩。但是由于旧病更甚，翁医治更频，他又作为老友劝慰，在我家长住不归，年长日久，遂委身矣。但我向他约法三章，不许他抛弃发妻，我们不正式结婚。我对翁其实并无爱情，只有感情。"

陆小曼为人坦荡随性，她一直敢作敢为。她当初敢于和王赓离婚，与徐志摩热恋相爱，如今亦敢于和翁瑞午从容相处。她无须对世人隐瞒，亦无须给任何人交代。一个人的清白在于内心，内

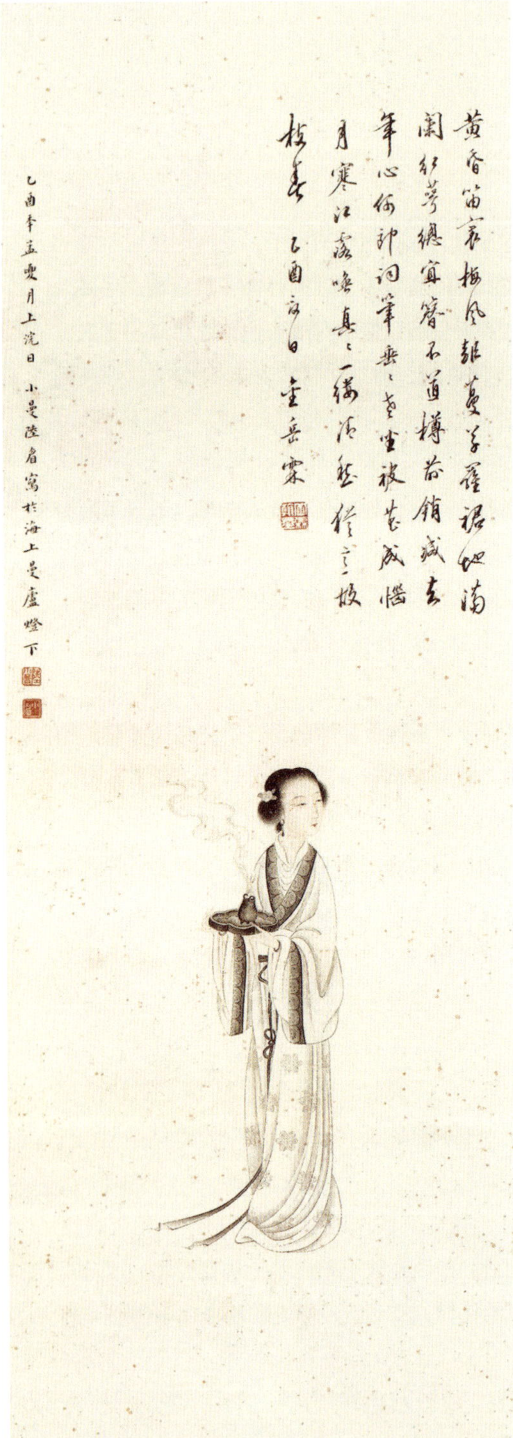

黄昏笛里竹风起，蔓草罗裙地。满阑红萼总宜簪，不道尊前消减去年心。何郎词笔垂垂老，坐被花成恼。月寒江路唤真真，一缕清愁犹着故枝春。

乙酉（1945）孟夏月上浣日作

汉皇重色思倾国，御宇多年求不得。杨家有女初长成，养在深闺人未识。天生丽质难自弃，一朝选在君王侧。回眸一笑百媚生，六宫粉黛无颜色。春寒赐浴华清池，温泉水滑洗凝脂。侍儿扶起娇无力，始是新承恩泽时。

拟清人出浴图，两本此其一。小曼陆眉摹之。

心的清澈，远胜于世间那些虚伪的纯洁，装饰的美丽。

世人误解翁瑞午，责备陆小曼，他们三十多年的相濡以沫，风雨同行，世间又有多少人可以做到？世人对她谩骂轻视，他一如既往，敬她，爱她。她病体柔弱，烟瘾折磨，他始终体贴入微，悉心陪伴。

陆小曼年老色衰，容颜憔悴，风采尽失。她无心打理自己，头发蓬乱，因为吸鸦片牙齿落光，也不镶假牙。她再不是往日的名媛佳丽，可他痴情不改当年。他爱她的绝代风姿，也爱她的秋水苍颜；爱她繁华如锦，也爱她美人迟暮。此生此世，不离病榻，嘘寒问暖，试药递茶。

陆小曼曾对赵家璧和赵清阁说："志摩死了我守寡，寡妇就不能交友吗？志摩生前他就住在同楼里，会搬出去吗？况且十几年来他很努力地照顾我，我怎么可以对他不仁不义呢？外面的流言，我久已充耳不闻了，反正是友谊关系，别人怎么看，随它去，我是问心无愧。"

她问心无愧，一生遭遇无数浮言，今又何惧。她若在意世俗的眼目，当初就会安心做她的军官太太，亦不会和徐志摩有这段刻骨爱情，更不必为这场灾祸心碎断肠。她就是活得太真了，方要经受如此多的情劫、灾难。

多少人劝阻陆小曼离开翁瑞午，做个清白的寡妇，可以省去许多骂名。就连胡适也说过，离开翁瑞午，陆小曼以后的开支都由他来承担。可陆小曼拒绝了，她早已习惯了翁瑞午的淡淡相伴，她可以做到不相爱，却做不到相离。这是她做人的原则，诚信，她一生放纵许多事，却一直清守本心。

后来的翁瑞午遭难，生了很严重的肺病，但陆小曼亦没有无情地离开，对他矢志不渝。人间的真情莫过于此，患难与共，荣辱相随。陆小曼从来都是有情有义的女子，若非命运的摆弄，她可以和徐志摩相爱白头，也可以和翁瑞午做一生一世的良朋知己。

“我廿九岁时志摩飞机遇害，就一直生病。到三十五岁时与翁瑞午同居。翁瑞午在一九五五年犯了错误，生严重的肺病，一直到现在还是要吐血，医药费是很多的，还多了一个小孩子的开支。我又时常多病，所以我们的经济一直困难。翁瑞午虽有女儿给他一点钱，也不是经常的。”

她穷途末路，她情无所归，她顾不了芸芸众生，只能顾薄弱的自己。她此一生，挥霍了太多，也偿还了太多。她清白干净，无意与世人纠缠，更不相欠任何人。那些形形色色的人，打她身边走过，只是陪衬的风景。

后来，翁瑞午也病死了，陆小曼拖着病体，去送他一程。她固然伤悲，却流不出眼泪。她此生的眼泪和感情，在徐志摩死的时候，皆以倾尽。这世上，再无人可以赚取她的眼泪和情感，纵是风雨扶持了三十多年的翁瑞午，亦不能。

她于世上，再无人真心挂牵。翁瑞午的女儿翁香光，却对她十分照顾，直至陆小曼离世。翁香光打心里敬佩亦怜惜这个女子，她见证过陆小曼和父亲翁瑞午风雨数十年的感情。她虽怪怨父亲，因为对陆小曼的爱而忽略了她的母亲，但她并没有为此记恨陆小曼。

陆小曼是良善的，她不许翁瑞午抛弃发妻，对翁瑞午五个子女，亦为关爱。她从不把自己的痛苦强加于别人身上，独自承担自己不幸的遭遇。她一生无害人之心，却总被人误解，不受宽容。她没有过错，她的错，就是活得太真，爱别人所不敢爱，做别人所不敢做。她我行我素，至情至性。

陆小曼这一生，何其有幸，又何其不幸。年轻时风光明媚，为百花之主，有着颠倒众生的气场。一世浮华，如梦似幻，落得晚景凄凉，孤独无主。她这一生，有三个深爱她的男人。王赓待她宽厚依从，徐志摩为他痴情至死不渝，翁瑞午则用了三十多载的时光，长情相伴。

但他们都先后离她而去，独留她于世间，慢慢收拾那盘散乱的残局。她是孤独的伶人，任凭多么华丽的开场，多少陪伴，戏的结局，只剩她一人，深情又悲情地演完。她越来越单薄、瘦弱，睡梦里，只有徐志摩的魂魄，恍惚相陪。

她以为可以依附翁瑞午一生，以为离不开阿芙蓉，最终也离了。她以为，上苍对她年轻时放纵的惩罚，是夺其性命，却不知，是

幽兰生空谷，无人自含芳。欲寄同心去，悠悠江路长。小曼陆眉。

先夺她所爱，让她被孤独慢慢吞噬，再苍凉死去。人生是场寂寞的旅程，不离不舍的唯有光阴。有时候，人的情感不及草木，不及一件旧物，死生相陪的，终是自己。

没有依靠的陆小曼，还是那般从容不迫。她深居简出，静心作画，自食其力。多少繁华，皆成旧梦。她的世界，从此安静无声，唯骄傲和孤独还在，与之形影不离。

时光如镜，照见纷繁的过往，又光洁得只能看到一个人，一颗心。

第二十六章　湖山寂寥

最喜唐人之句“山静似太古，日长如小年。余花犹可醉，好鸟不妨眠。世味门常掩，时光簟已便。梦中频得句，拈笔又忘筌。”读罢只觉身处静谧山林，不闻尘嚣，不染世味，一片苍茫清远之意境。

可巧那日翻看陆小曼画作，有一幅《山静似太古》，凝神静气，竟入了画中，行过落英缤纷的小径，走过苍翠斑驳的苔藓，来至柴门小院。远处青山逶迤，近处溪水潺潺，恰逢一老者舀山泉，捡松针煮茗，被相邀对饮。问桑麻，说粳稻，量晴校雨，探节数时。

回过神来，方知身在红尘深处，尚不能脱。人生如梦，白云苍狗，不过一杯苦茶的时间，一幅山水画的距离，已好似行经百年。我与陆小曼，在瞬间竟有了心意相通，过往只觉她风尘味重些，到底少了几分文气和雅逸。

陆小曼说："我爱大自然，但我因病无法旅游，因此我愿意陶醉在丹青的河山风景中。"她的画作《寒林策仗图》、《垂杨依岸水》、《野渡人舟自横》、《寒山雨意》、《山空寂静人声绝》皆有浓浓古意，秀丽天然。

一直以为作山水画者，必是胸有丘壑，腕生烟云，有落落洒然的襟怀，有豁达豪迈的气度。否则一支素笔，几点水墨，如何可以描绘锦绣山河，浩浩人世。陆小曼擅长山水，画风清雅淡远，飘逸出尘。她如若真的被烟火熏染，被浊乱世俗牵缚，又怎会有此等福报，此番功德。

徐志摩在世之时，曾一直规劝陆小曼能在绘画上有所造诣。诗人有一颗敏感的心，他比任何人都了解陆小曼的天赋和灵性，知她是个有修为涵养的女子。她的惰性，让她始终不能静心拾起画笔。她前半生的光阴，皆在舞场、戏院里、病榻上，从不曾真正与画厮守。

她分明是一个才情高绝、气度不凡的女子，缘何于世人心中，她是那么地玩世不恭、任性骄纵？可见，要真正走进一个人，必定要走进她的内心。而最能看见她内心的，不仅是她留于世间的文字，还有那一幅幅山水画卷，以及一些隐藏在深处，难以被人察觉的真实情感。

蓉初五伯（徐志摩伯父）大人六十寿辰之喜。庚午（1930）秋九月侄媳小曼陆眉写祝丁海上曼庐。

陆小曼一生所去的地方并不多，她不像林徽因，为了建筑事业，游历欧洲，遍走中国。陆小曼一身病骨，加之慵懒无心，所到之处多是北京的西山、万寿山，以及几度去了杭州的西湖，被那里的山水滋养过性灵。

徐志摩在的时候，她的绘画，只当作业余爱好，打发光阴，怡养性情。徐志摩去世后，她断绝所有的交际，于家中编文撰稿，潜心学画。为此，她曾拜刘海粟为师，后又与贺天健学画，陈半丁学画花鸟。

“我这十几年来可算是像坐关似的一样静，我简直是不出大门一步，难得有要紧的事出去一次，一年也没有几次，一天到晚只是在家静养。”

过往于欢乐场中，麻将馆里，虚度了太多的光阴，华丽的物质永远填满不了空虚的心灵。后来远离繁嚣，守着简朴宁静的日子，将所有的情感，寄予苍茫山水，一草一木。她不仅重拾过往遗失的灵性，更找到了人生真正的归属。

可见，一个人内心的丰盈辽阔，远胜过阅历自然浩浩山河。倘若你心胸狭窄逼仄，纵是踏遍万水千山，也形同虚度。若你心怀天下，胸襟广阔，纵然拘泥于一扇小窗之下，外界的草木荣枯，世事变迁，皆能感知。

“一个艺人的生活，在这个年头，能糊里糊涂地一天天往下过，就算不错，要怎样享受是办不到的。所以我也相当的安慰，我不苛求，我也不需要别人金钱上的扶助，我只是量入而出，过着一种平等的日子，荣华富贵的日子，绝不是像我这种不幸的人应该有的，所以我很安静地忍受着现在的环境。人生本是梦，梦长和梦短而已，还不是一样地一天天过去。等待着一旦梦醒，好与坏还不是一样。”

陆小曼卧薪尝胆，于绘画中修行，亦在绘画中醒悟。她默默承受岁月带给她的悲和喜，荣和辱。当陆小曼再一次惊动上海滩，成为公众人物时，她不再是那个社交名媛，也不是一个伶人戏子，而是一个颇有建树的画家。她的内心早已深邃平静，她不在乎画作给她带来怎样的荣耀，亦不为名利所缚，她早已洗尽铅华，明心见性。

她的画，迷蒙清淡，温婉俊逸，最有宋人诗意，明清风骨。作家赵清阁为她好友，如此评价她的作品：“清逸雅致，诗意盎然，自然洒脱，韵味无穷，洋溢着书卷气，是文人画的风格。”

都说画如其人，字亦如其人，陆小曼心性自然，格调高雅。她虽曾经贪图享乐，内心始终清澈如水。所以她的画自然天成，毫无雕琢，修饰之气。她为人磊落光明，故她的文字，亦是潇洒从容，情真意切。她本就是一个天资聪颖的女子，有着清远情怀，豁然心胸。

她年轻时的确不够勤奋，后数十年苦心潜修，若非因病耽搁，存留世间的画作不仅只剩百幅。她是一个真性情的女子，睹画思人，只觉茫茫山水寂寥清幽，她似已幻化成仙，与徐志摩飘忽于云端，冷冷地看着世间红绿男女，演绎着她曾经有过的风华和落寞。

陆小曼亦喜红楼，尤爱林黛玉，她曾于寒夜无事时，抄写林黛玉诗句——《咏白海棠》。“半卷湘帘半掩门，碾冰为土玉为盆。偷来梨蕊三分白，借得梅花一缕魂。月窟仙人缝缟袂，秋闺怨女拭啼痕。娇羞默默同谁诉？倦倚西风夜已昏。”她自称冷香人，她是那朵月影横窗的寒梅，悄悄来到人间，尝尽爱憎悲喜。

陆小曼闲暇时亦撰文写诗，她写散文，为徐志摩的书写序，甚至写过短篇小说《皇家饭店》。她从不曾想过要做一个文人，可她骨子里，有着深刻的文字情结。她执笔不多，所留存的文字亦是绮丽潇洒，自然生动。

“写诗不是一件简单的事情，又要环境的吻合，本身的思想同艺术水平，并不是随时随地就能产生出来的。古人说‘穷而后工’，我想这个穷不一定是指生活的贫穷，精神上的不快乐也就是脑子里的穷。这个穷会使得你思想不快乐，这种内心的苦闷，不能见人就诉说，只好拿笔来发泄自己心眼儿里所想说的话，这时便有想不到的好句子。”

她是寂寞空山里，那枚飘零的秋叶，寻找着属于自己的方向。她在一弯清溪中，洗去过往沾染于身的尘埃。湖山寂寥，不解世间浩劫烦忧，草木不言，哪管千古沧桑兴废。

梅花仕女　思诚先生清赏，庚寅（1950）季夏小曼陆眉制于海上。

一声声的狂吼从东北里
带来了一阵残酷的秋风，
狮虎似的扫荡得
枝头上半枯残枝
飘落在蔓草上乱打转儿，
浪花似的卷着往前直跑
你看——它们好像已经有了目标！
它们穿过了鲜红的枫林：
看枫叶躲在枝头飘摇，
好像夸耀它们的消遥？
可是不，你看我偏不眼热！
那暂时栖身，片刻的停留；
但等西北风到，它们
不是跟我一样的遭殃，
同样的飘荡？不，不，
我还是去寻我的方向。
它们穿过了乱草与枯枝，
凌乱的砾石也挡不了道儿；
碧水似的秋月放出了
灿烂的光辉，像一盏
琉璃的明灯照着它们，
去寻——寻它们的目标。
那一流绿沉沉的清溪，
在那边等着它们去洗涤

满身粘染着的污泥；
再送到那浪涛的大海里，
永远享受那光明的清辉。

——陆小曼《秋叶》

第二十七章　因果相关

三生石上种因果，一花一叶总关禅。每个人在三生石畔，都有一册因果簿子。里面记载了你三生的情缘，这缘，有爱情，亦有亲情和友情。尘世间，有人修善缘，有人修孽缘。有人修生，有人修死。有些人是你寻觅三生三世的遇见，有些人是你避无可避的尘劫。

你种前世因，谁得今世果。我们曾经那么热切地想得到功贵荣华，还想得到情爱。最后皆如幻影，与时光一同消逝，不见痕迹。来路是归程，我们所欠下的，拥有的，有一天终要偿还。那些陪你走过万水千山的人，会在某个转角处，瞬间消失，不复相见。

陆小曼一生渴望被人珍视爱慕，被人妥善收藏，如此便可以安心静卧于烟榻上，不问春秋。奈何又多番遭命运愚弄，几经劫数，飘零孤冷。她得到过无数的爱慕和追捧，被三个男子，深深地宠爱过，亦忍受过纷纷洒洒的流言和谩骂。

她此生最珍惜的，则是友朋之乐。她结交许多朋友，不论贵贱贫富，皆一视同仁，真心以待。无论何时何境，都把朋友的难处放在首位，倾尽心力给予帮助。其中不乏画家、艺术家、文人墨客，亦有梨园戏子，以及舞场的交际花。

“男人中有梅兰芳，女人中有陆小曼，都是人缘极好，只要见过其面的人，无不被其真诚相待所感动。”她一生真诚待人，尽管也被人爱戴，也被人轻视，但她都一如既往，坚持做自己。也许不够完美，亦不可爱，却始终是那个纯粹的陆小曼，珍惜每一段缘分，每一个友人。

因为徐志摩，陆小曼和泰戈尔有过一段缘分。当初徐志摩与陆小曼尚在热恋，承受世俗种种压力，后为了散心，去欧洲见了泰戈尔。泰戈尔得知徐志摩和陆小曼的爱情故事，极力赞成他们在一起，让他们不要气馁灰心，并给予美好的祝福。

后来泰戈尔来到中国，去徐志摩和陆小曼家中做客，陆小曼给他留下深刻的印象。为此陆小曼还几度行文，作为纪念。陆小曼初见泰戈尔时：“他说话的音调更带有一种不可言喻的美，低低得好似出谷的黄莺，在那儿婉转娇啼，笑眯眯地对着我直看。”

“他是那样的自然、和蔼，一片慈爱地抚着我的头管我叫小孩

奇峰耸秀（1956）

子。他对我特别有好感，我也觉得他那一头长长的白发拂在两边，一对大眼睛晶光闪闪的含着无限的热忱对我看着，真使我感到一种说不出的温暖。”

尽管泰戈尔只在他们家居住几日，但他们一起谈文学，谈诗歌，谈生活。泰戈尔把徐志摩和陆小曼视为亲人一般相待，每回印度朋友请客吃饭，他总是相邀他们同去。人事变迁玄妙，倘若徐志摩不死，陆小曼和泰戈尔的缘分应当更深浓持久一些。

徐志摩去世后，陆小曼深居简出，除了生病抽烟，就是编辑遗文，潜心绘画。她的日子虽不再富足，却清贫悠闲，不受惊扰。她素面布衣，不装饰梳理，就那么静养着，似要与世隔绝。可是从前的朋友依旧会去看她，关念着她的生活。江小鹣、张歆海等人与她始终维系很好的友谊。

陆小曼与陈毅还有一段渊源。上世纪五十年代，上海美协举办的一次画展中，其中陆小曼也有一幅作品参展。有一次，陈毅去参观，看到画上陆小曼的落款。便询问身边人：“此画很好，她的丈夫可是徐志摩？徐志摩是我的老师。”

关于徐志摩和陆小曼的故事，以及他飞机失事皆有所闻。但陈毅没想到沉寂多年的陆小曼居然还在，并且居住于上海，画出如此出色的作品。他认为徐志摩是著名诗人，陆小曼亦是不可多得的才女，如此有文化底蕴之人，应予以照顾。

于是陈毅安排陆小曼为上海文史馆馆员，虽是个虚职，但每月有八十多元，令她的生活有了基本保障。后调为人民政府参事，上海的中国画院又聘她为画师，致使她终身与画成为知交伴侣。

一直靠徐志摩供养，后来又依附翁瑞午为生的陆小曼，第一次真正地走入社会，可以自己挣取银钱，未尝不是一件乐事。她不再那么颓废低迷，她所挣银钱虽不多，却可以供养自己，淡饭粗茶，衣食不忧。这淡漠薄冷的人情，亦会有出其不意的阳光和温暖。

陆小曼此生还有一个闺阁知己，莫逆之交，为作家赵清阁。徐志摩坠机后，陆小曼不仅承受内心的悲痛，还遭遇世人的责骂唾弃。在她孤寂暗淡时，有那么一个人，敲开她紧闭的门扉，闯入了她的生活，给予她暖意和关爱。

后来陆小曼还听从她的规劝，住进医院，戒掉了追随数十年的烟瘾，与阿芙蓉断交。戒烟其间，她陪着她，一同忍受痛苦和折磨。她们相差十岁之龄，十年的风霜世情，却没有丝毫的生疏与隔阂。

人生有许多情意胜过骨肉亲情，也胜过生死相依的爱情。陆小曼和赵清阁之间，便有着此般情意，不浓不淡，不密不疏。她们的友情纯粹清澈，不与名利相关，没有个人恩怨，只是单纯的彼此怜惜，倾注感情，交付真心。

赵清阁曾这么说过：“我与小曼结识五十余年，断续写过有关她的简介多篇。从做人作风，谈到她的文才艺术，有赞赏也有批评，我们是以诚相见，仁义相待的至交好友，因此成为莫逆知己。不像泛泛人海中有一种所谓朋友的人，表面上和你亲亲热热，暗地里却极尽中伤陷害之能，恨不得置你于死地。”

陆小曼和赵清阁都是诚信仁义、良善纯净之人，况她们有着相同的爱好与趣味。她们在一起谈文学，论字画，聊生活，为红尘知己，此生莫逆。陆小曼能留给赵清阁的，只是几把泼洒了水墨的扇子。炎炎夏日，浩荡凡尘，赠予几许清凉，几多爱意。

赵清阁亦是一代奇女子，才情出众，奈何孤独到老，只和女佣吴嫂相依为命。她一生孤寂又繁闹，有幸结识了诸多良师益友，填补了漫长的岁月。直至生命行至尾声，赵清阁仍念念不忘陆小曼。

修善缘得善果，漫漫人生，所邂逅、遭遇的种种，皆是果报。陆小曼此生得遇王赓、徐志摩、翁瑞午、胡适、江小鹣、张歆海、王映霞、凌叔华、赵清阁等许多知己良人。他们一如人世美丽的风景，来来去去，做着或长或短的停留，最后离她而去，各有归依，各有归所。

若真有三世，不知来生是否还会狭路相逢，是否会在写着因果的簿子上，烙下彼此的痕迹。又或者各自幻化成云，渺入苍穹，再不擦肩。

人若不生情，不动心该多好，如此便无谓聚离，守着简单的自己，不去惊扰别人的梦。可空闲的时候，又想看看云，看看水，看看打柳溪梅畔，走过的众生。

山水有灵，为了此生的相遇，我途经唐风宋雨，你踏遍万顷河山，可还是有些晚。你已白发如雪，我是美人迟暮。时间所剩不多，急景凋年，把彼此遇见的风景，尝过的人情，都要重复说一遍。而后再用残余的光阴，来结束这场注定的别离。

公园一景（1957）

第二十八章　掩门遗世

我常说，寂寞让人美丽亦生动，可到底要历尽多少尘劫，方才有那静好风日，深稳现世。之所以生隐逸之心，是对浮华乱世，存了敬畏，不敢亦不想有太多瓜葛。如此并非逃避，也非怕受伤害，则是真的云淡风轻。

但我终是不够从容，我曾多少次梦见自己，是那枝来自远古的梅花，遗落在今生的某个旧庭深院。带着前生的哀怨，隔世的遗香，缓慢地经历人间离合，阴晴聚散。只是那个撑着油纸伞，茉莉簪头的小小女孩，已有了新生的白发，如今竟也会对岁月低头，这般害怕老去。

张爱玲说："时间加速越来越快，繁弦急管转入急管哀弦，急景凋年已经遥遥在望。"她到底是个才女，文字总是别出心裁，是民国世界的临水照花人，是世间独一无二的张爱玲。可民国世界，独一无二的女子，不仅仅是她一个。一花一佳人，往事怕人寻。

总有人去拿她们做比较，林徽因、张爱玲、陆小曼、萧红等名媛佳人，究竟喜欢谁多一些，谁又比谁更惊世，更风华绝代。莫说是才女，纵算是寻常女子，亦有其各自的风采和韵味。她们都是世间唯一的红颜，代表一种美丽的草木，缓缓走过人间，绝世倾城。

暮年的陆小曼也是与寂寞光阴同行，她亦感受到急景凋年的仓促。她没有像张爱玲那般，漂洋过海，像蝼蚁一般，为了一个安稳的巢穴，栖身之所，惊恐不安地奔走，饱经迁徙流离。尽管她们都离群索居，但张爱玲比她更是凄凉，陆小曼尚有朋友相访，而张爱玲，只能和自己的影子相依为命。

她们何其相似，活得倔傲坚定，孤独苍凉。她们都是岁月的勇者，敢于面对，亦不惧逃离。用剩余的残年，和酷冷又慈悲的人世，做着一次又一次的较量。她们没有力气再去争执，又不肯轻易妥协，就这样，安静地和孤独作伴，掩门遗世，等着离去。

没有谁比谁活得精致，也没有谁比谁活得清醒。大家都不过是在迷惘中找寻一盏心灯，找寻过河的石子，找寻不必转弯的路径。她这一生，听过多少誓言，可是最终谁依靠得住？没有谁薄了她，也没有谁辜负她，一切是缘之所尽。

绮绣亭（1957）

陆小曼说："什么是喜，什么是悲，我都感觉不清楚，我已是一个失去灵魂的木头人了。我一直是闭门家中坐，每天消磨在烟云围绕的病魔中。日历对我是一点用处都没有的，我从来也不看看今天是几号或是礼拜几，对我来说任何一个日子都是一样的，天亮而睡，月上初醒，白天黑夜跟我也是一点关系也没有，我只是迷迷糊糊地随着日子向前去，绝不回头。"

仅仅是这么几行字，就让人恍惚地以为，她还是年轻时那杯毒酒，让人迷恋沉醉。也许你会觉得她颓废，全然失去了对生活的热情。可我却喜爱她的遗世忘尘，喜爱她这样不知年岁，荒芜又勇敢地活着。无论遭遇多少磨砺劫难，风云硝烟，她都没有奔跑，也没有逃离，始终在上海，在某个清冷的小院子里，安静活着。

她其实不孤独，寂夜里，她铺纸作画，捧读红楼，编文写字，时有月光推窗作陪，为她铺就温床。她的床榻，经年被药香熏染，被烟云侵蚀，也不去想着换一换。她久未爱过的心，是否已经蒙了尘埃，故人远去，还有谁为她轻轻擦拭？

唯有那张遗像，那张她永世难忘的笑脸，被时光定格在那，越发地清晰，永远年轻潇洒。那束不凋零的鲜花，是她不死的爱恋。他多年前为她描的眉弯，依稀还在，只是多了几分哀婉和遗憾。那病着的唇始终单薄，一如所剩无多的时光，她无心挽留，任凭飞逝。

“我近年来对于自己的修饰上是早已不关心了，在家的时候简直连镜子都不大照，也懒得照，好看又怎样？不好看又有什么？我还感觉到美貌给女人永远带来坏运气，难得是幸福的，还是平平常常的也许还可以过一个平平常常的安逸日子，有了美貌常会不知不觉地同你带来许多意外的麻烦。”

她还是这么纯粹任性，这么漫不经心，这么不以为然。暮年的陆小曼，常穿男士对襟蓝褂子，直短发，一条深蓝色西服裤，家中自缝的黑布鞋。年轻时，她天然气质，无须涂抹装扮，就可艳冠群芳。如今年华老去，素颜清心，风采不减。

她曾那么渴望沉浸在一场锣鼓喧嚣的戏曲中，不要醒来。此时却不喜见任何生人，一任藤蔓攀附院墙，苔藓铺满路径，过往熙熙攘攘的人潮，都被关在门外。她愿这样隐藏在烟火巷陌，寻常人家，安住一生。

她曾盼着死神早些到来，免去人生许多曲折的过程，匆匆老去。如今却任由命运主张，不惧活到鸡皮鹤发，更无意沧海桑田。果然，许多时候活着比死去更需要勇气。拖着病骨残躯，以及荒凉的灵魂，她活得那么稳妥，那么安静，那么美丽。

不知道，她收养的那些干女儿，以及许多得到过她恩惠和照顾的人，去了哪里。据说有个叫吴锦的表妹，一直和她一起生活。她终究比张爱玲幸运许多，张爱玲隔绝一切烟火，死得无声无息，不妨碍任何人，独自了断所有的缘分。

人民公社图（1958）

陆小曼不去刻意避人避世，而是习惯了慵懒随性，不去伪装欢笑，更不故作矜持。这样的女子，无心得失，快意恩仇，不生执念，悲欢从容。高贵时倾倒众生，落魄时也风情款款。

陆小曼的文字，老的时候更有风骨底蕴，更明心见性。“岁数一年年地长，人生的一切也一年年地看得多，可是越看越糊涂。这幻妙的人生真使人难说难看，所以简直给它一个不想不看最好。”

我们又何尝不是如此，随着年岁的增长，原本应该越来越醒透，可越看越迷糊。人的一生不该活得太认真，否则累人累己，许多的真相应该被时间掩埋，永远沉没。你看这华丽的红尘，不过是用来遮衣蔽体，何来真正的完美。

无论那个人和你有没有交集，都要宽容待他，慈悲待己。陆小曼是不完美的，她甚至有着许多常人没有的缺陷，但她在残缺中，坚定勇敢地活着，接受岁月带给她的一切。人生所受的磨难太多，后悔的事也太多，走过去了，就都成了往事、故事。

林黛玉在繁花著锦的大观园里，整日伤怀，拾花葬花，提前预知年华飞逝，红颜易老。感叹：“一年三百六十日，风刀霜剑严相逼。明媚鲜妍能几时，一朝漂泊难寻觅。”总有人说她太过孤高清冷，目无下尘，又怎知她寄人篱下，寂寥无依的凄凉。

半生华贵、半生苍凉的陆小曼，没有喜爱艳冠群芳的薛宝钗，而是钟情风露含愁的林黛玉。她们无有相似的人生，却有着同样孤独的灵魂。陆小曼如她笔下那幅水墨长卷，看似穿行了万水千山，红尘经世，实则一直栖居在某个安静的角落，不惊不扰。一如当年，她掩上韶光的门扉，在风景消瘦的人间，修身养性，转瞬白头。

你可知？在我心里，她还是那个妙龄女子，着水袖云裳，折柳摘梅，唱一曲婉转逶迤的昆山。唱雨丝风片，唱云霞翠轩，唱烟波画船，唱锦瑟良辰。

第二十九章　人间剧场

在这清冷的冬夜里，独自一盏孤灯，一杯暖茶，翻看陆小曼遗留于世的黑白照片。素净的女子，淡淡的微笑，清澈的眼睛里，看不到世间疾苦，亦无岁序的伤痕。只是这个女子，一世繁华，终也老去，成了一道可有可无的风景，记得她的人并不多。

看着她暮年时容颜失色，牙齿落光，内心止不住的悲伤。而立于一旁的徐志摩，依旧英俊文气，倜傥风流。他的人生，定格在云端，有着不老的青春，不死的灵魂。她相信，就算志摩在世，亦会一如既往，爱她老去的容颜。

有一首美丽的歌词，是这样写的："当我青春不再，容颜已老，你是否还会爱我。当我一无所有，只留悲伤，你是否还会爱我。我知道你会，你会，你会的。当我青春不再，容颜已老，你还会爱我。"

到后来，浩荡的人间剧场，就只剩下她一人。河山瘦，人情薄，那些纷繁如雪的往事，如今消逝得一干二净。漫长的几十载光阴，分明经历无数的磨砺和苦难，却短若几个春秋。岁月的刀刃实在太过锋利，你在桌案上打了个盹，就足足耗费了三十年。

过往该忘的，不该忘的，都忘了。只是有那么一个人，住进了她的心里，因为相处的年岁太过短暂，走过太过突然，所以成了她此生永远无法弥补的遗憾，亦成了一生的追忆。在她心里，他永远是那个天真单纯的诗人，就算活到白发苍苍，也一样清澈如水。

“并不是我一提笔就离不开志摩，就是手里的笔也不等我想就先抢着往下溜了。尤其在这秋夜，窗外秋风卷着落叶，沙沙的幽声打入我的耳朵，更使我忘不了月夜的回忆，眼前的寂寥。”

寂夜怀人，心事千重。陆小曼是个懒散的人，她宁愿将所有的时光消磨在烟榻上，亦不肯提笔去写几行小诗，几段散文。只是有时思念太满了，唯有倾注笔端，在纸上静静流淌而出，方能释怀。她和他结合，不过五载光阴，却经历别人一生的悲欢离合。

爱与陪伴，到底不同。翁瑞午陪伴照料她三十多年，连徐志摩的魂魄都抵不过。非她薄情，她给得起翁瑞午的，亦只是陪伴，她今生所有的爱，都给了徐志摩。当徐志摩意外丧生，她又独自承担起罪孽，接受世俗的指点和责备。

徐志摩至死亦没有忘情于林徽因，他给过她最圣洁最纯粹的爱。尽管他也爱陆小曼，却做不到心的唯一。而陆小曼虽然纵横于交际场所，嫁过人，有无数追求者，后来又委身于翁瑞午，但她的心，除了徐志摩，再也装不下任何人。许多人只看到她的任性，她的残缺，她的不计后果，却没看到她的痴傻，她的情深。

有人说，因为失去了，才知道珍贵，才想要挽回，才至死追忆。倘若时光倒流，陆小曼会不会收敛她的性情，做个安分守己、循规蹈矩的女子？不，她不会，徐志摩的死，与陆小曼并无多少关系，纵算因她而起，她亦不会丢失自己的个性，去为任何人轻易改变自己。

徐志摩死后，她闭门谢客，离群索居，亦不是为了赎罪，而是她痛彻心扉，再无意世间的纷繁和喜乐。她是一个需要情爱滋养的女子，徐志摩带走了她在人间所有的乐趣，以及最后的一点热情。她无需惩罚自己，她的过错，是爱得太深，爱得毫无保留。

假若她有私心则好，最多在徐志摩死后大哭一场，悲痛几个月。之后回到她的风月场里，抽烟打牌，唱戏跳舞，继续风靡上海滩。可她没有，她将自己封存在二十八岁，与外界断绝往来。她美丽的身影，绝世的风姿，随着徐志摩一同去了云端，幻化成仙。留在凡尘的，不过是用来活下去的躯体。

“一样事情我可以断定，志摩虽说离了躯壳，他的灵魂是永远不会消灭的。我知道他一定时常在我们身旁打转，看着我们还是在

桃花源

这儿做梦似的混，暗笑我们的痴呆呢。不然在这样明亮的中秋月下，他不知道又要给我们多少好的诗料呢。”

想来，徐志摩的魂魄，亦是不舍转世。他尚有余恨、余情，每当月上柳梢，他便陪在她身畔，誓要守护天荒。所以，她不孤独，一个人捧书窗下，或是斜卧榻上，他一直相伴相守，还能闻到彼此的呼吸。

陆小曼曾说过，她所做的一切，徐志摩都能理解，并会尊重。她和翁瑞午于榻上吞云吐雾，她日夜颠倒，她魂无所依，他都懂，亦只能远远地叹息。他们实在太苦了，张爱玲当年彻底放下胡兰成，是因为他负心负情，她转身的时候，心是干脆的，无了牵念，亦无遗憾。

陆小曼却将这段感情背负一生，直到死，仍盼着可以与他同穴。这世上，最累人，最伤人的，莫过于情感。若问谁最情深，当属陆小曼，为了徐志摩的死，她惩罚了自己一世。她把快乐和解脱给了别人，把痛苦和遗憾留给自己。

其实暮年的陆小曼究竟怎样生活，我是一无所知，也只能在一些零散的资料里，去寻觅她的踪迹，她的身影。凭借一些碎片，去拼凑一个稍微完整的小曼。又或者，谁也不知道她数十年的景况，所能知道的，是她一定清贫潦倒。我真的佩服她的决心和勇气，可以彻底摆脱从前的奢华，甘受寂寞。

像陆小曼这样的女子，廿八之龄，想要找个殷实的依靠，是随心所欲之事。但她没有，她拒绝过许多公子富商，她喜欢金钱，却不为钱而改变自己的初心。她从不要别人的怜悯，除了和翁瑞午患难与共，任何人的施舍，她都不屑。为谋生计，她宁愿在扇子上作画，宁愿走出她厌倦的红尘，做文史馆馆员。

徐志摩死后，陆小曼的人生便没有故事，三十年如一日，除了阿芙蓉，则是编文绘画。

我虽执笔写陆小曼，可当徐志摩辞世后，就觉陆小曼的人生也走过了一大半。他带着了她生命里所有的春天，剩余的则是秋风秋雨，秋窗秋月，秋情秋景，秋愁秋心。

“我们溜到人间也不过是打一转儿，转得好与歹的不同而已。除了几个留下著作的也许还可以多让人们纪念几年，其余的还不是同镜中的幻影一样？所以我有时候自己老是呆想，也许志摩没有死。”

在陆小曼的心里，徐志摩根本就没有死。她掩门独活几十年，也是为了害怕生人惊扰他的魂魄，害怕他漂游至此，见不到她的身影。她的日子，似要过得比寻常人快许多，因为她的世界，只有自己，以及一个捉摸不到，虚无缥缈的魂灵。

人生何其漫长，又何其短暂。二十几岁，尚觉青春无限，可以任意挥霍。一旦过了三十，则日影飞逝，再无几多光阴可以虚度。

之后的年岁，更是草草。让人爱惜不尽，回忆怀念的，只是那么几段走过的年少时光了。

陆小曼说她一生病魔缠身，从未想过会长寿，可就是这样药炉不离地过了几十年。虽辛苦，却也算是有福之人。时光往事，瘦如烟云，再不必问，多少假，多少真。

你看她，人生之路，明明离终结只有几步之遥，甚至都可以看到彼岸的风景了。可就是这么简短的行程，终要一个人，一步一尘，勇敢地走完。

山居图（1958）

第三十章　一生烟云

春秋更迭，生老病死，为自然规律，人生常理。每个人都要经历，避无可避，可真到了穷途末路之时，还会放不下，还有舍不得，还有未了的情缘和夙愿，悔恨和遗憾。这起伏跌宕的命运，终要寂静安宁，风淡风轻。

时光的弦，越发紧迫，在寻常日月里，她慢慢收拾纷乱的心，离散的情，等着生命终止。那些千恩万宠，荣耀一身的日子，恍惚还在昨天，可一旦梦醒，已经数十年。来来去去的人，都成了梦中幻影，再见之时，未必相识相认。

她说：“过去的一切好像做了一场噩梦，酸甜苦辣，样样味道都尝遍了。我又没有生儿育女，孤苦伶仃，形单影只，出门一个人，进门一个人，真是海一般深的凄凉和孤独。”

陆小曼的晚年，其实不算颠簸，也未经流离，只是有些凄凉和孤冷。她始终有一个遮雨的屋檐，一处安稳的居所，一张休憩的睡榻，还有为数不多却安稳的银钱。岁月其实不曾偏心，所伤害之人，亦非仅仅只是她。世间芸芸众生，都在经受着同样的聚离悲喜，从韶华走到白发，无一幸免。

她是一个孤寒的老人，年轻丧偶，又无子女，她居住的地方，越发地空荡冷清。依依难舍的，是那无休无尽的病魔。1964年10月，恰逢中秋，月圆人圆之日，她住进了上海华东医院，在病床上独受熬煎。她只盼着，能够减少一些痛苦，让她可以轻松地和徐志摩久别重逢。他在另一个世界，已经等得草木荒芜。

她的莫逆知己赵清阁去了医院，带给她月饼，免她寒夜孤影。陆小曼告知赵清阁，这将会是她人生最后一个中秋节，她知道自己已经时日无多了。赵清阁见陆小曼形销骨瘦、气息微弱，唯有拭泪宽慰。

人生种种终必成空，或许走到生命尽头，才能真正释怀。又或许，至死都不知道生命的意义何为。这个漫长的秋冬，陆小曼都在医院度过。原以为挨过了寒冬，待到梅花绽放，春暖花开，她可以和沉睡的万物，一同苏醒。

可她没有，就这样一病不起，在病床上，辜负了万紫千红的春光，辜负了良辰美景。静静地细数流年，如此捱到了1965年的春天。陆小曼终日咳嗽不止、骨瘦如柴，去探看她的朋友都知道，

昭君图

群山万壑赴荆门，生长明妃尚有村。一去紫台连朔漠，独留青冢向黄昏。画图省识春风面，环佩空归夜月魂。千载琵琶作胡语，分明怨恨曲中论。

（石雪徐宗浩题）

葬花图

隔林无赖鹧鸪啼，舍北村南雾欲迷。新种陌头桑树小，比来刚与阿依齐。

她大限将至，返魂无术。

在陆小曼住院的这段时日，恰逢她的良师益友刘海粟也在此养病。刘海粟对陆小曼一直欣赏有加，当年若非他的帮助，摆下那场功德林的宴席，陆小曼和徐志摩亦不能那么和顺团圆。尘梦悠悠，已过四十载，看着此时的她美人迟暮，病骨嶙峋，感慨万千，悲痛不已。

人生一世，都有回去的那一天，不过早晚。陆小曼生命中三位至亲的男人，已经先后辞她而去，如今她亦无所畏惧。若是有缘，相逢后共踏莲花，投生转世，于红尘中再爱一场。若缘尽，则形如陌路，亦免去这纷纷扰扰的挂牵。

今生也许是最后一世，又或许，她和徐志摩的情缘，生生世世。我们所能做的，只是过好今生，何必去猜测未知的轮回。她告诉赵清阁，她和志摩真的快重逢了，接连几个夜晚，他的魂魄于她病床前，久久徘徊，不肯离去。也许他担忧着，怕她回程路上，太过孤单害怕。更怕她走失迷途，忘了约定，从此南辕北辙，再也不能握紧彼此的手。

1965年4月3日，一代才女陆小曼，病逝于上海华东医院，享年六十二岁。她的人生，不短不长，不悲不喜，无爱无恨。那一年的春杏，开得格外美。一如她当年，去西山的大觉寺所见的杏花，满山绽放，像旧年那场迟迟不肯融化的积雪。

临死前，她托付挚友赵清阁，希望此生得以和爱夫徐志摩合葬，不负他们一生爱恋。可她的遗愿，终成憾事。赵清阁尽力了，据说徐志摩的儿子徐积锴不同意。徐志摩辜负了张幼仪一生，这其间的恩怨，又岂是我们所能了解，岂是几句话可以一笔勾销。总之，陆小曼和徐志摩，生前只有五载情缘，死后不能相伴同穴。

推心唯赤诚，人世常留遗惠在；
出笔多高致，一生半累烟云中。

她的灵堂，只有一副挽联，恰如她此一生，看似繁花拥翠，实则清冷单调。她的骨灰，迟迟没有安葬，只是暂放于某处，无人问津。直到“文化大革命”后，风雨平息，方被人恍惚想起。1988年春，陆小曼的堂侄陆宗麒和堂侄女陆宗麟，一同为她在苏州东山华侨公墓筑了纪念墓。

一代名媛佳丽，自此总算觅得葬身之处，埋骨之所。姑苏东山为江南风景胜境，临着太湖，山水绝佳。她一生爱好天然，喜画山水，此后可以静赏太湖秋水，云霞烟渚。再也不用四海流离，不受俗世惊扰。这样的结局，亦是她此生不与人争的福报。

陆小曼之墓在东山太湖，徐志摩之墓于浙江硖石。苏州和浙江皆为江南风流之地，只不过，他们之间，隔了几程山水。若湖山有灵，有情，定不负他们一世痴心，亦会为他们传递消息。聚也悲情，散也悲情，莫如这样遥遥相望，不聚不散的好。

一生烟云，终归尘土。这是她的归宿，也是众生的归宿。千古兴亡成败，冷暖恩怨，都只是光阴里的云影风色，不留痕迹。她也只是民国岁月里的一株草木，她的荣枯幻灭，并不能影响什么，百姓人家依旧平淡安宁，人间始终无痛无恙。

待我喝完这壶茶，燃尽这炉香，陆小曼的一生，亦走至尽头。不禁感叹，人世何其残忍，仅一支淡笔，用短短数十天时间，便匆匆写尽她长长的一生。尽管清简草草，但由生到死，从梦至醒，当真走过了一世。

这其间，我亦好似陪她经历了悲欢离合，感受过她的热闹，又亲历了她的苍凉，更受着许多字外之人所看不见的苦痛。我本想着，花落不沾身，我与她，隔着风雨时空，连过客都算不上。只是一个平凡的写者，因了某段巧合的机缘，有了此番简短的相遇。但终究不能，不能毫发无伤，终究陪她走过一段山长水远的人世路程。

我曾说过，她是毒药，一旦沾染，便难以自醒。我为此避而远之，若即若离地看着，却还是不能假装平静。像她如此骄傲的女子，定然不愿此生与我有过这样的交集。她永远不会知道，也不想知道，若干年后的今天，她的故事，会在一个陌生女子的笔下缓缓流淌。非她所愿，亦非我所愿。

我曾说过，世间没有任何植物配得起张爱玲，包括那种叫作独活的药草，也不能。但我却觉得世间任何草木，都可以是陆小曼，

池塘嬉戏　乙酉（1945）初秋月作

她变幻多姿，又纯粹清白。我总能在诸多草木间，山水中，看到她的魂灵，觅见她的影子，感知她的情思。

也许她早已走进她的山水画卷中，成了流淌的水墨，无须转世，亦不必再与谁相逢，更无须演绎谁的爱恨。她就是这样任性天然的女子，带着民国的风云，民国的烟雨，民国的故事。

她是民国的陆小曼。

乙亥（1935）四月，小曼陆眉写

陆小曼年谱

1903年（1岁）

于农历九月十九子时生于上海南市孔家弄，祖籍常州。父亲陆定，母亲吴曼华。据说农历九月十九是传说中观音菩萨的生日，而陆小曼恰又生得眉清目秀，肌白肤嫩，于是家人戏称她为“小观音”。

1908年（6岁）

在上海上幼稚园。

1909年（7岁）

随母赴北京依父度日。

1910年（8岁）

就读于北京女子师范大学（现北京师范大学前身）附属小学。

1912年（10岁）

就读于北京女中。

1918年（16岁）

入北京圣心学堂读书，同年，陆定专门为她请了一位英国女教师教授英文。

1920年（18岁）

精通英文和法文，被北洋政府外交总长顾维钧聘用，兼职担任外交翻译。

1921年（19岁）

开始名闻北京社交界，有“校园皇后”的美誉，成为一代名媛。

1922年（20岁）

离开圣心学堂，与西点军校毕业的王赓结婚。

1924年（22岁）

出演《春香闹学》，结识徐志摩，并与之恋爱。

年底翻译意大利戏剧《海市蜃楼》。

1925年（23岁）

年初与徐志摩进入热恋。

8月拜刘海粟为师学画。

年底与王赓离婚。

1926年（24岁）

8月14日与徐志摩订婚。

10月3日与徐志摩结婚，而后依公公徐申如之命随徐志摩南下上海生活。

11月，在徐志摩故乡硖石小住。

1927年（25岁）

1月，因江浙战事，与徐志摩转上海定居，并与翁瑞午相识。

3月，随徐志摩回硖石扫墓，并与徐志摩、翁瑞午同游西湖。

7月，在“慰劳北伐前敌兵士会”上独演昆曲《思凡》，与江小鹣、李小虞合演京戏《汾河湾》。

12月6日，在《玉堂春·三堂会审》中饰苏三，演出后无聊的《福尔摩斯小报》制造绯闻，对陆小曼大肆攻讦，也污损了志摩的名节。

1928年（26岁）

7月，与徐志摩合著话剧《卞昆冈》，连载于《新月》杂志。

夏与徐志摩、叶恭绰共游西湖。

1929年（27岁）

参与中国女子书画会的成立筹备工作。

3月，接待泰戈尔第二次访华，下榻于福煦路613号徐志摩家中。

6月，与翁瑞午等人游“西湖博览会”。

1930年（28岁）

父亲陆定去世。

冬，徐志摩受胡适之邀到北京大学和北京女子师范大学任教，两人逐渐产生矛盾。

1931年（29岁）

从贺天健和陈半丁学画，从汪星伯学诗。

丈夫徐志摩因飞机失事去世，而后完成《哭摩》。

12月，应邵洵美相邀，为徐志摩遗作《云游》作序。

1933年（31岁）

整理徐志摩遗作《眉轩琐语》，在《时代画报》第三卷第六期上发表。

清明节独自一人到硖石给徐志摩扫墓。

1934年（32岁）

在《论语》杂志上刊发《爱眉小札》。

1936年（34岁）

经良友图书公司出版图书《爱眉小札》。

加入中国女子书画会。

1938年（36岁）

开始与翁瑞午同居。

1941年（39岁）

在上海大新公司开个人画展。

1943年（41岁）

母亲吴曼华、前夫王赓去世。

1947年（45岁）

3月，由晨光图书出版公司出版陆小曼整理的《志摩日记》。

1956年（54岁）

4月，受到陈毅市长的关怀，被安排为上海文史馆馆员。

入农工民主党，担任上海徐汇区支部委员。

1958年（56岁）

成为上海中国画院专业画师，并参加上海美术家协会。

1959年（57岁）

任上海市人民政府参事室参事。

被全国美协评为“三八红旗手”。

1961年（59岁）

翁瑞午去世。

1965年（63岁）

哮喘等病发，于4月3日在上海华东医院逝世。

《金缕曲·陆小曼》

往事无痕迹。算当时，南唐北陆，风光无际。妩媚艳姿倾城色，一代民国才女。傲红尘，洒然雅逸，素手翻云多快意，乐逍遥，笑怒皆由己。演尽了，嗔和喜。

世间情爱如游戏，也曾经，痴心不已，想来何趣。吞吐烟云二十载，愿与芙蓉来去。怎消散，一身妖气。深掩重门光阴寂，只这般，静守居轩里。窗影下，月如洗。

白落梅